이 책을 시작하려는
소중한 **아이**와 귀중한 **부모님**께

아이가 초등학교에 입학할 때가 되면 아이도 부모님도 모두 설레는 마음과 기대하는 마음이 생겨납니다. 부모님들은 새로운 세계로 뚜벅뚜벅 걸어가는 아이를 보면 대견하고 기특한 마음이 들지요. 하지만 마음 한 구석에는 이런저런 염려하는 마음이 생깁니다. 그중 많은 부모님들에게 한글은 걱정거리입니다.

저희는 그 걱정을 하고 계실 부모님들께 이 두 가지를 말씀드리고 싶습니다.

☑ 초등학교에 가기 전 아이가 한글을 뗄 수 있게 도와주세요. 학교라는 공간은 이미 글씨로 이루어진 공간이고, 입학하자마자 보는 교과서에는 아이가 읽어야 하는 글씨가 가득합니다. 학교에서 국어 시간에 한글 공부를 하지만 그것과는 별개로 다른 과목의 수업은 글씨가 가득한 교과서로 합니다. 이런 상황에서 아이가 글을 읽을 줄 모른다면 이해되지 않는 내용이 쌓일 수밖에 없습니다. (한글 해독 수준과 교과서 난이도 차이로 인해 나타나는 문제는 논외로 하겠습니다.)

☑ 입학 전 완성해야 하는 한글 떼기는 글자 읽기에만 멈추어서는 안 됩니다. '가 갸거겨고교구규그기'만 읽는다고 한글이 완성된 것이 아닙니다. 글자와 낱말을 읽는 것에서 더 나아가 글자가 모여 이루어진 문장까지도 읽고 이해할 수 있는 수준까지 도달해야 합니다. 문해력의 핵심인 '읽기 유창성'과 '쓰기 정확성'을 기를 수 있는 기초적인 힘은 한글 떼기에서 시작됩니다.

〈30일 완성 한글 총정리〉는 이런 마음을 담아 기획하였습니다. 읽기와 쓰기를 동시에 훈련하여 한글을 완벽하게 뗄 수 있도록 구성하였습니다. 이 책을 통해 입학을 코앞에 둔 아이들이 30일 동안 쉽고 재미있게 한글을 총정리할 수 있으면 좋겠습니다. 아울러 이 책과 함께하는 시간이 아이와 소통하고 교감할 수 있는 시간이 되기를 진심으로 바랍니다.

2022년 12월
기적학습연구소 국어팀 일동

하루 15분, 하루 세 장
나의 '30일' 한글 총정리

학습한 날의 날짜를 기록하며
한글 총정리 최종 단계에 함께 도착해 봅시다.

DAY 1	DAY 2	DAY 3	DAY 4	DAY 5
기본 모음	기본 자음 ㄱ	기본 자음 ㄴ	기본 자음 ㄷ	기본 자음 ㄹ
/	/	/	/	/

DAY 6	DAY 7	DAY 8	DAY 9	DAY 10
기본 자음 ㅁ	기본 자음 ㅂ	기본 자음 ㅅ	기본 자음 ㅈ	기본 자음 ㅊ
/	/	/	/	/

DAY 11	DAY 12	DAY 13	DAY 14	DAY 15
기본 자음 ㅋ	기본 자음 ㅌ	기본 자음 ㅍ	기본 자음 ㅎ	받침 ㅇ
/	/	/	/	/

DAY 16	DAY 17	DAY 18	DAY 19	DAY 20
받침 ㄴ	받침 ㅁ	받침 ㄹ	받침 ㅂㅍ	받침 ㄱㅋ
/	/	/	/	/

DAY 21	DAY 22	DAY 23	DAY 24	DAY 25
받침 ㄷㅅㅈㅊㅌㅎ	복잡한 모음 ㅐㅒ	복잡한 모음 ㅔㅖ	복잡한 모음 ㅘㅙㅚ	복잡한 모음 ㅝㅞㅟㅢ
/	/	/	/	/

DAY 26	DAY 27	DAY 28	DAY 29	DAY 30
쌍자음 ㄲ	쌍자음 ㄸ	쌍자음 ㅃ	쌍자음 ㅆ	쌍자음 ㅉ
/	/	/	/	/

이렇게 **학습하세요**

\ 읽기와 쓰기를 동시에! /

STEP 1

글자 소리 내며 읽기
자음과 모음, 받침 등을 합쳐 소리를
내 보고 글자가 만들어지는 과정을
알 수 있게 해 주세요.

예) ㄱ[그]+ㅏ[아] ⇨ ㄱ ㅏ[그아] ⇨ 가[가]

아이 스스로 세 번 읽을 수 있도록 지도해 주세요.

무의미한 글자 읽기
글자를 추측해서 읽는 것을 예방하고 정확하게 읽을
수 있게 해 줍니다.

획순에 맞게 글자 쓰기
'따라 쓰기 → 시작점에 맞춰 쓰기 →
혼자 쓰기' 단계로 쓰기 연습을 합니다.
글자의 획을 쓸 때 'ㅇ'은 '한 번에 슝',
'ㅣ'는 '내리고', 'ㅡ'는 '가고' 라고
말하면서 재미있게 써 보세요.

STEP 2

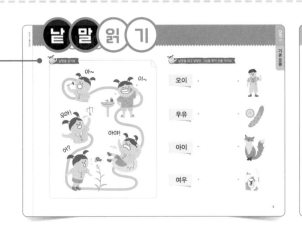

낱말 소리 내며 읽기
다양한 문제를 풀며 낱말을 읽고,
낱말의 소리와 의미를 익혀 보세요.
아이 스스로 낱말을 세 번 읽을 수
있도록 지도해 주세요.

획순에 맞게 낱말 쓰기
그림의 이름을 말하고, 낱말을 써 봅니다.
또박또박 획순에 맞게 쓰도록 지도해 주세요.
흐린 글씨도 써서 낱말을 완성해야 합니다.

STEP 3

도전 읽 기 왕

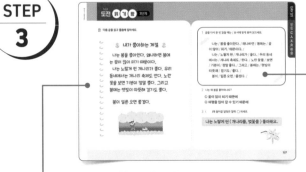

읽기 유창성 기르기
앞에서 배운 글자와 낱말이 들어간 짧은 글을
읽고 문제를 풀며 나의 읽기 실력을 확인합니다.

의미 단위 묶어 읽기

Q. '의미 단위 묶어 읽기' 활동을 왜 하는 건가요?

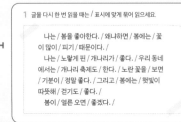

보통 아이들은 글을 읽을 때 한 글자 단위로 읽습니
다. 그런데 한 글자 단위보다 더 큰 단위인 띄어쓰기 단
위로 글을 읽는 노력을 하면 글 읽는 데 아주 큰 도움
이 됩니다. '도전 읽기왕'에서는 이 띄어쓰기 단위를 한
두 덩어리씩 묶어 읽는 연습을 합니다. 이 덩어리를 '의
미 단위'라고 하는데요. 이렇게 문장의 의미 단위를 묶
어 읽으면 내용 파악이 쉬워져 글을 더 빠르고 정확하
게 이해할 수 있습니다. 아이가 글을 읽을 때 '/' 표시에 손을 대면서 의식적으로 묶어 읽도록 지도해 주
세요. 직접 소리 내 읽으면 그냥 읽을 때와 어떻게 다른지 알 수 있습니다.

도전 쓰 기 왕

쓰기 정확성 기르기
QR코드를 찍고 음원을 들으며 받아쓰기를 합니
다. 학교에서 하는 받아쓰기를 경험해 보세요.

1단계 글자읽기

 모음을 소리 내요

 ㅇ을 붙여 글자를 만들어요

ㅏ

이름 **아**

소리 **[아]**

 기본 모음 'ㅏ~ㅣ'는 모두 이름과 소리가 같아요.

아	야	어	여	오	요	우	유	으	이

↓ ↓ ↓ ↓ ↓ ↓ ↓ ↓ ↓ ↓

아	야	어	여	오	요	우	유	으	이

 또박또박 읽어요

오 — 유 — 어우야 — 어 — 이으요 — 아 — 어우유

야 — 이 — 아요어 — 으 — 어이 — 요 — 우아

3

1단계 글자쓰기

순서에 맞게 써요

2단계 낱말읽기

낱말을 읽어요

아~

이~

우아!

어?

아야!

낱말을 읽고 알맞은 그림을 찾아 선을 이어요

오이 •

우유 •

아이 •

여우 •

2단계 낱말쓰기

낱말을 완성해요

※ 어떤 글자는 두 번 쓰일 수 있어요.

보기 아 야 어 여 오 요 우 유 으 이

 우
우

 우
우

 요
요

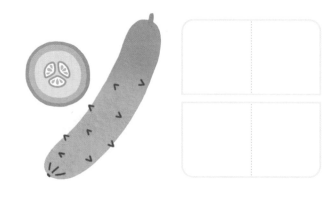

 리
리

 호 랑
호 랑

도전 읽기왕 3단계

📚 문장을 읽고 알맞은 그림을 찾아 선을 이으세요.

아이가 우유를
마셔요.

아이가 요요
놀이를 해요.

아이가 오이를
먹어요.

📚 다음 글을 읽고 물음에 답하세요.

우아, 동물원 도착!
여우 보러 가야지.
오리 보러 가야지.

1 아이가 보려고 하는 동물을 모두 찾아 ○ 하세요.

2 아이가 무엇을 들고 있나요?

| 우유 | 유우 |

도전 쓰기 왕 3단계

빈칸에 공통으로 들어갈 글자를 쓰세요.

	유

여	

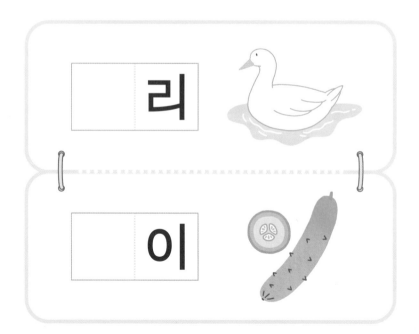

리	

이	

잘 듣고 받아쓰세요.

① □□

② □□

③ □□

④ □□

⑤ □□□ , 놀 자 .

⑥ □□ 마 셔 요 .

⑦ □□ , 아 파 !

⑧ □□ 달 리 기

⑨ □□ 놀 이 하 자 .

⑩ □□□ , 뭐 하 니 ?

1단계 글자읽기

ㄱ을 소리 내요

ㄱ

이름 기역

소리 [그]

ㄱ에 모음을 붙여 글자를 만들어요

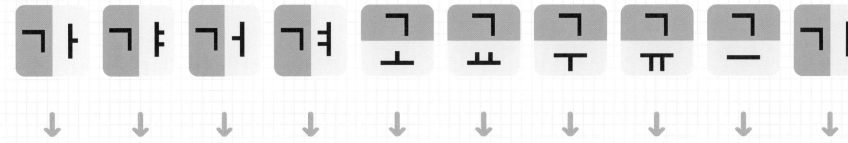

가	갸	거	겨	고	교	구	규	그	기
↓	↓	↓	↓	↓	↓	↓	↓	↓	↓
가	갸	거	겨	고	교	구	규	그	기

또박또박 읽어요

고 --- 고가 --- 갸 --- 겨 --- 교구규 --- 가 --- 기거겨

거기거기 --- 거 --- 규 --- 구 --- 겨기가 --- 고구가 --- 구기

1단계 글자쓰기

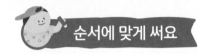
순서에 맞게 써요

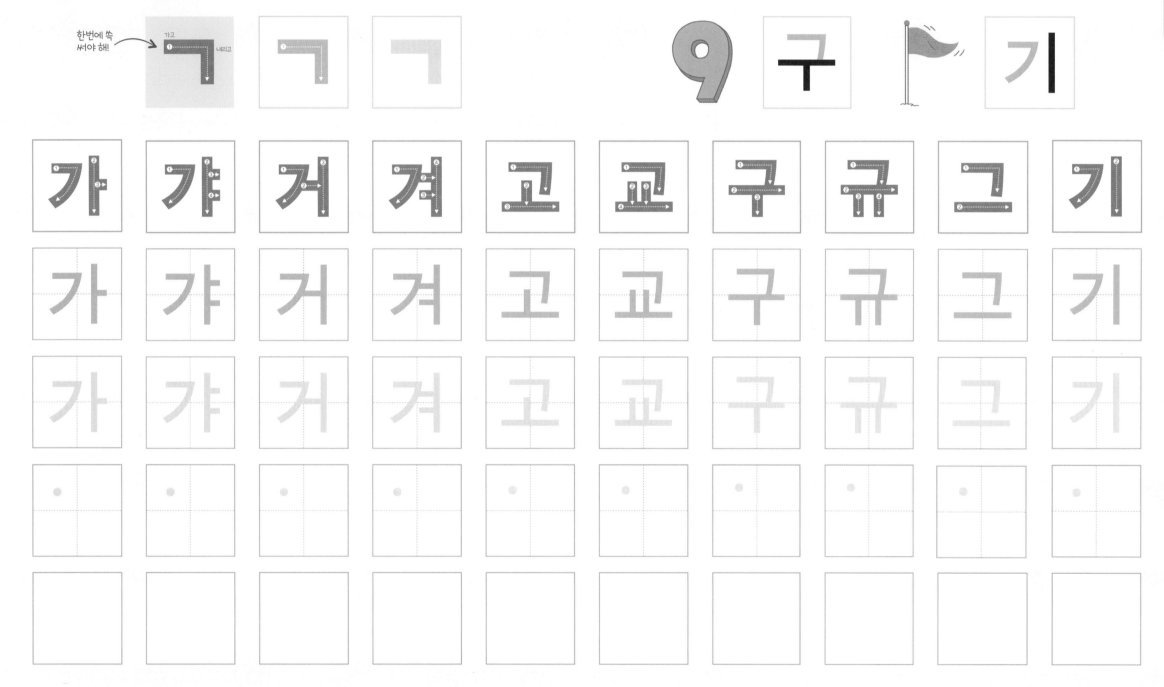

 **2단계 낱말읽기**

 낱말을 읽어요

가 구

교 가

이야 기

여 기

낱말을 읽고 알맞은 그림을 찾아 선을 이어요

고기 ·

기구 ·

야구 ·

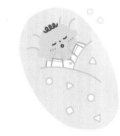

아기 ·

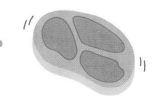

2단계 낱말 쓰기

 낱말을 완성해요

※ 어떤 글자는 두 번 쓰일 수 있어요.

보기 가 갸 거 겨 고 교 구 규 그 기

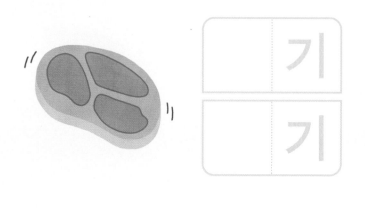

	기
	기

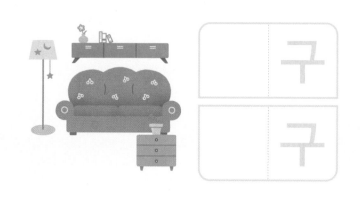

	구
	구

	북
	북

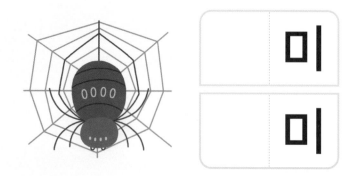

미	
미	

야	
야	

	린
	린

도전 읽기왕 3단계

📚 문장을 읽고 알맞은 그림을 찾아 선을 이으세요.

아이가
고기를 먹어요.

아이가
기구를 타요.

아이가
이야기를 해요.

📚 다음 글을 읽고 물음에 답하세요.

거북은 그네를 타고
기린은 기구를 타고
거미는 거미줄을 타요.

1 이 글에 나오지 않는 동물에 ✕ 하세요.

2 거북은 무엇을 타나요?

도전 쓰 기 왕 3단계

📚 빈칸에 공통으로 들어갈 글자를 쓰세요.

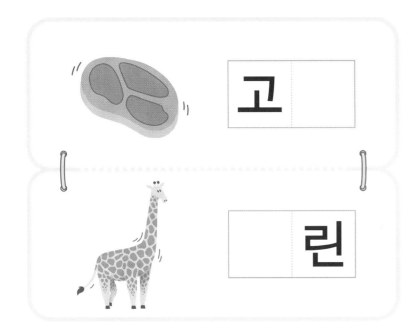

고 □

□ 린

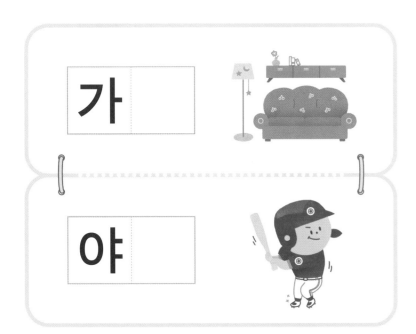

가 □

야 □

🎧 잘 듣고 받아쓰세요.

① □ □

② □ □

③ □ □

④ □ □

⑤ □ □ 학 교 야 .

⑥ □ □ 맛 있 어 요 .

⑦ □ □ 재 미 있 어 .

⑧ □ □ 하 고 놀 자 .

⑨ □ □ 날 은 한 글 날 .

⑩ □ □ □ □ .

14

1단계 글 자 읽 기

ㄴ을 소리 내요

ㄴ

이름 니은

소리 [느]

ㄴ에 모음을 붙여 글자를 만들어요

나	냐	너	녀	노	뇨	누	뉴	느	니
↓	↓	↓	↓	↓	↓	↓	↓	↓	↓
나	냐	너	녀	노	뇨	누	뉴	느	니

또박또박 읽어요

나 --- 니느 --- 냐 --- 녀 --- 나냐너 --- 노 --- 노누노

뇨뉴뇨뉴 --- 누 --- 너 --- 니 --- 뉴냐 --- 오냐오냐 --- 오나요

15

1단계 글자 쓰기

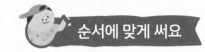

순서에 맞게 써요

한번에 쏙 써야 해!

내리고 ① ㄴ 가고

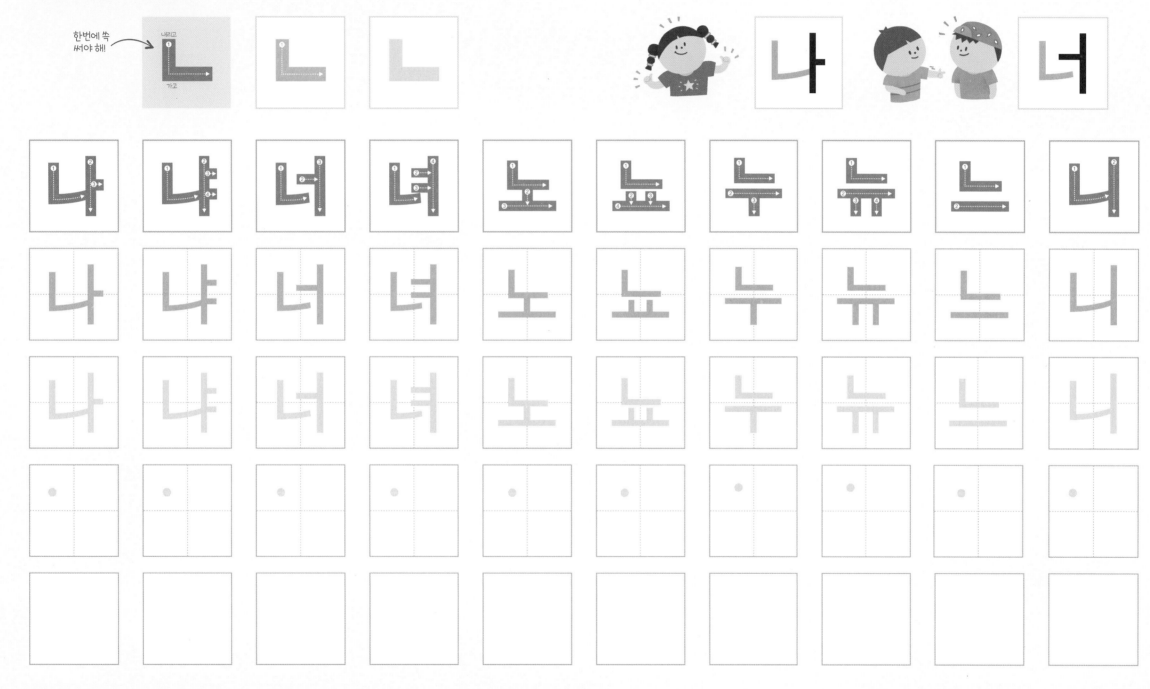

나   너

2단계 낱말읽기

낱말을 읽어요

나

너

아니야!

누구야?

낱말을 읽고 알맞은 그림을 찾아 선을 이어요

나이 •

나누기 •

누나 •

고니 •

2단계 낱말 쓰기

 낱말을 완성해요

※ 어떤 글자는 두 번 쓰일 수 있어요.

보기 나 냐 너 녀 노 뇨 누 뉴 느 니

| 누 |
| 누 |

| 고 |
| 고 |

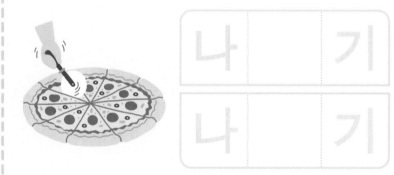

| 나 | 기 |
| 나 | 기 |

| 비 |
| 비 |

| 루 |
| 루 |

| 구 | 리 |
| 구 | 리 |

도전 읽기왕 3단계

📚 문장을 읽고 알맞은 그림을 찾아 선을 이으세요.

고니를
바라보는 엄마

나누기를
모르는 누나

고기를 나누어
주는 아빠

📚 다음 글을 읽고 물음에 답하세요.

노루가 오나요?
네. 노루가 느리게 와요.

너구리가 오나요?
아니요. 너구리가 나무 옆에서 자요.

1 누가 느리게 오나요?

2 너구리는 어디에서 자나요?

도전 쓰기왕 3단계

빈칸에 공통으로 들어갈 글자를 쓰세요.

| | 비 |

| | 무 |

| 나 | |

| 나 | 기 |

잘 듣고 받아쓰세요.

① | | |

② | | | ?

③ | | 곳

④ | | | ?

⑤ | | | | .

⑥ | | , 오 리 야 !

⑦ | | 놀 이 를 해 요 .

⑧ 피 자 를 | | .

⑨ 주 인 공 은 | | .

⑩ | | | | .

1단계 글 자 읽 기

ㄷ을 소리 내요

ㄷ

이름 디귿

소리 [드]

ㄷ에 모음을 붙여 글자를 만들어요

| 다 | 댜 | 더 | 뎌 | 도 | 됴 | 두 | 듀 | 드 | 디 |

↓ ↓ ↓ ↓ ↓ ↓ ↓ ↓ ↓ ↓

| 다 | 댜 | 더 | 뎌 | 도 | 됴 | 두 | 듀 | 드 | 디 |

또박또박 읽어요

다 -- 됴듀 -- 댜 -- 더 -- 도두도두 -- 뎌 -- 더디

다듀 -- 됴 -- 디 -- 드 -- 도다 -- 디더뎌 -- 두다

1단계 글자 쓰기

순서에 맞게 써요

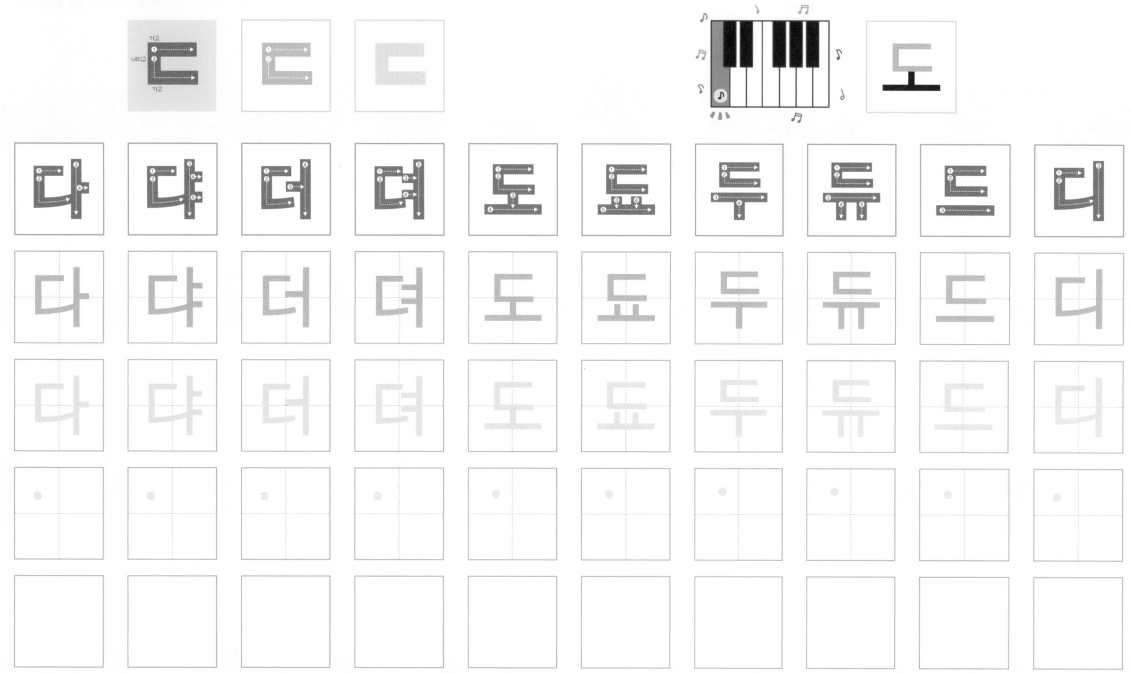

2단계 낱말읽기

 낱말을 읽어요

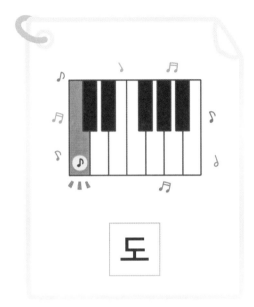

도

도 구

드 디 어

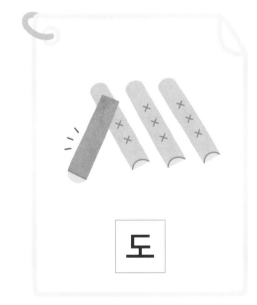

도

 낱말을 읽고 알맞은 그림을 찾아 선을 이어요

기도 ·

·

구두 ·

·

두유 ·

·

유도 ·

·

2단계 낱말쓰기

 낱말을 완성해요

※ 어떤 글자는 두 번 이상 쓰일 수 있어요.

보기 다 댜 더 뎌 도 됴 두 듀 드 디

구
구

유
유

람	쥐
람	쥐

구
구

유
유

지
지

📚 문장을 읽고 알맞은 그림을 찾아 선을 이으세요.

아이가
구두를 신어요.

아이가
두유를 먹어요.

아이가
기도를 해요.

📚 다음 글을 읽고 물음에 답하세요.

두더지가 거미를 냠냠
다람쥐가 도토리를 냠냠
나는 두유를 냠냠
모두모두 냠냠

1 두더지는 무엇을 먹나요?

2 나는 무엇을 먹나요?

두유　　　　도요

25

도전 쓰기왕 3단계

빈칸에 공통으로 들어갈 글자를 쓰세요.

유 □

□ 구

구 □

□ 유

잘 듣고 받아쓰세요.

1

2

3

4

5　　　　　　.

6　　　　 해 요 .

7　 , 　　?

8 돼 지 를 .

9 도 서 관 을

10 친 구 에 게 .

1단계 글 자 읽 기

ㄹ을 소리 내요

ㄹ

이름 리을

소리 [르]

ㄹ에 모음을 붙여 글자를 만들어요

라	랴	러	려	로	료	루	류	르	리
↓	↓	↓	↓	↓	↓	↓	↓	↓	↓
라	랴	러	려	로	료	루	류	르	리

또박또박 읽어요

라 --- 랴려 --- 러 --- 로 --- 료류료류 --- 르 --- 르리

로리루리 --- 리료려 --- 이랴이랴 --- 루루리리 --- 우르르

1단계 글자쓰기

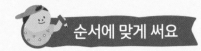 순서에 맞게 써요

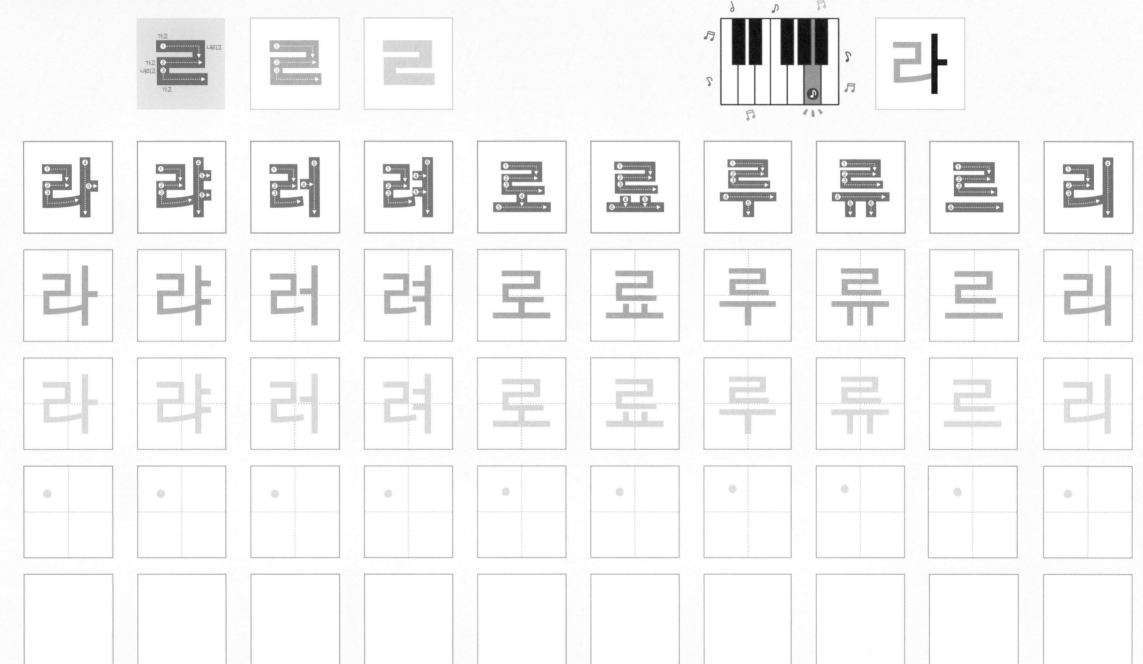

2단계 낱말읽기

낱말을 읽어요

가 루

라 디오

도 로

고 리

낱말을 읽고 알맞은 그림을 찾아 선을 이어요

기러기 ·

오리 ·

노루 ·

너구리 ·

2단계 낱말쓰기

 낱말을 완성해요

※ 어떤 글자는 두 번 쓰일 수 있어요.

보기 라 랴 러 려 로 료 루 류 르 리

노
노

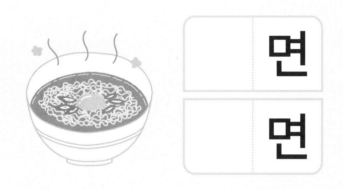

면
면

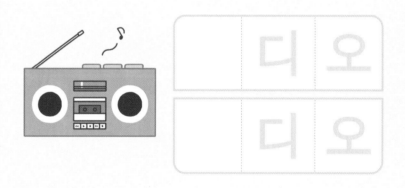

디 오
디 오

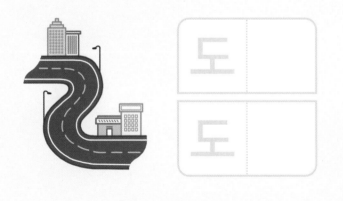

도
도

부
부

기 기
기 기

📚 문장을 읽고 알맞은 그림을 찾아 선을 이으세요.

나무 두 그루를
심어요.

우리나라
국기를 그려요.

밀가루로 요리
놀이를 해요.

📚 물음에 답하세요.

1 동물 이름을 말하고 '리'로 끝나는 것을 모두 찾아 ◯ 하세요.

2 글을 읽고 빈칸에 들어갈 말에 ◯ 하세요.

너는 누구니?
나는 기러기야.
나는 ☐ 로
먹이를 먹어.

부리   부니

31

도전 쓰기 왕 3단계

빈칸에 공통으로 들어갈 글자를 쓰세요.

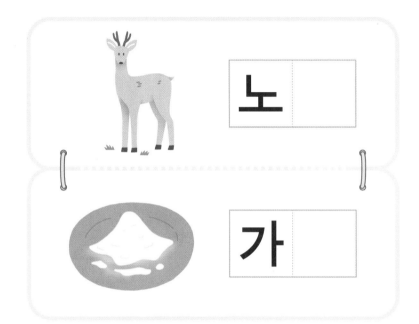

노 [ ]

가 [ ]

[ ] 면

[ ] 디 오

잘 듣고 받아쓰세요.

① [ ][ ]

② [ ][ ]

③ [ ][ ]

④ [ ][ ]

⑤ 나 무 [ ] [ ][ ]

⑥ [ ][ ] [ ][ ]

⑦ [ ][ ] 도 망 가 요 .

⑧ [ ][ ][ ] 잠 을 자 요 .

⑨ [ ][ ] [ ][ ]

⑩ [ ][ ] 복 잡 해 요 .

1단계 글자읽기

ㅁ을 소리 내요

ㅁ

이름 미음

소리 [므]

ㅁ에 모음을 붙여 글자를 만들어요

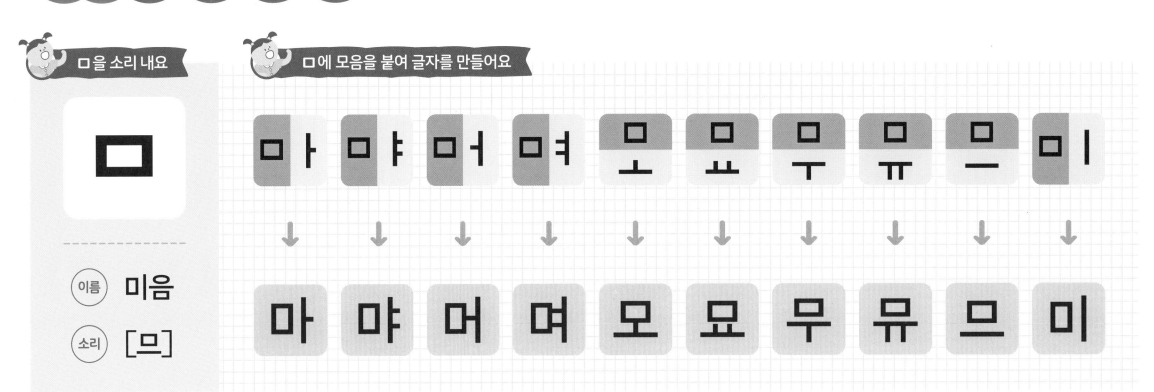

마 먀 머 며 모 묘 무 뮤 므 미

↓ ↓ ↓ ↓ ↓ ↓ ↓ ↓ ↓ ↓

마 먀 머 며 모 묘 무 뮤 므 미

또박또박 읽어요

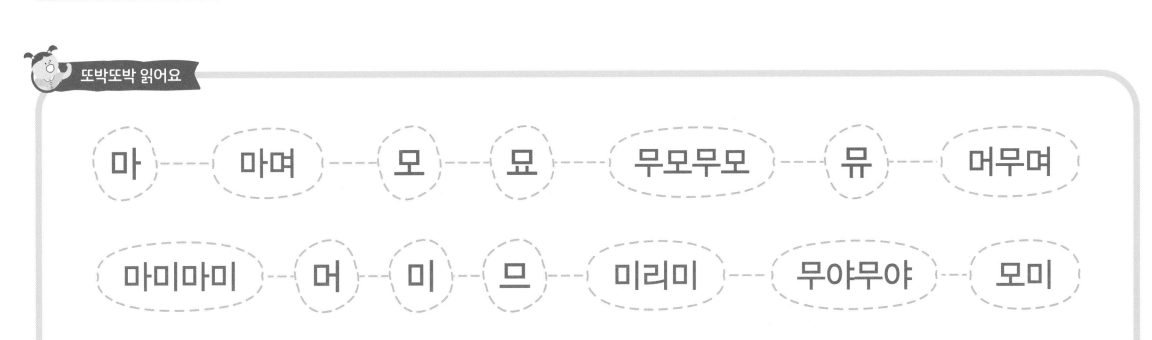

마 --- 마며 --- 모 --- 묘 --- 무모무모 --- 뮤 --- 머무며

마미마미 --- 머 --- 미 --- 므 --- 미리미 --- 무야무야 --- 모미

1단계 글자쓰기

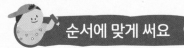
순서에 맞게 써요

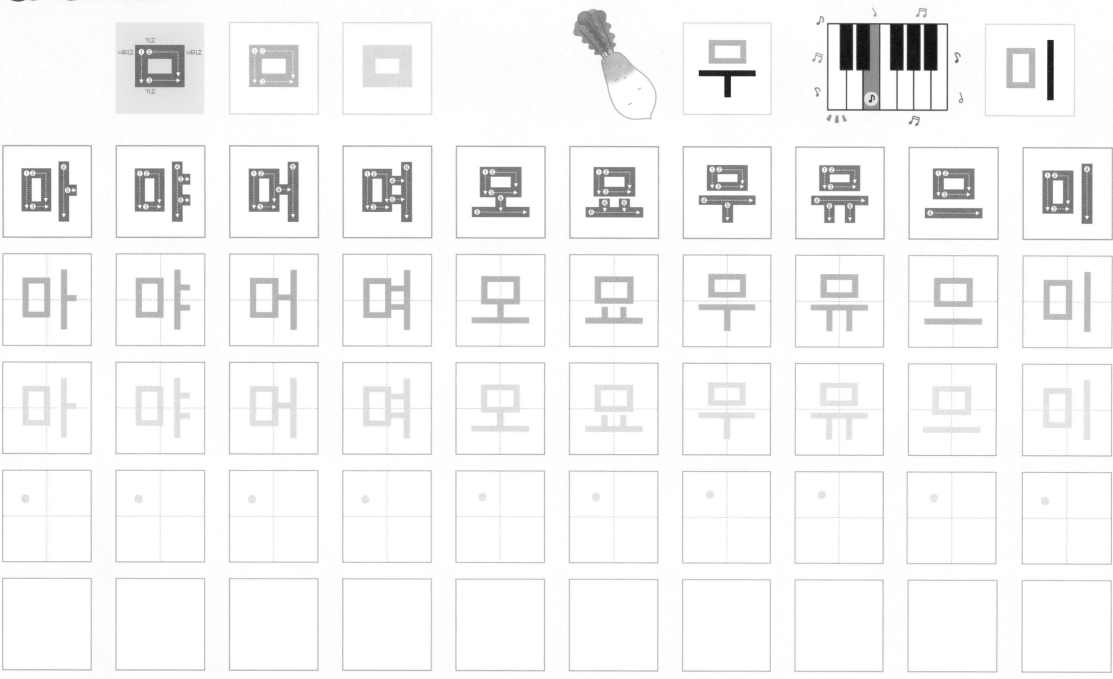

마 먀 머 며 모 묘 무 뮤 므 미

마 먀 머 며 모 묘 무 뮤 므 미

2단계 낱말읽기

 낱말을 읽어요

 낱말을 읽고 알맞은 그림을 찾아 선을 이어요

머 리

이 마

모 기

거 미

무 ·

다리미 ·

도마 ·

나무 ·

2단계 낱말 쓰기

낱말을 완성해요

※ 어떤 글자는 두 번 쓰일 수 있어요.

보기 마 먀 머 며 모 묘 무 뮤 므 미

기
기

나
나

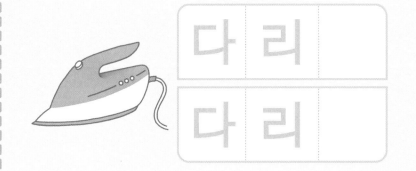

다 리
다 리

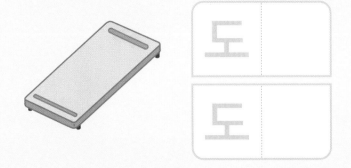

도
도

자
자

스 크
스 크

📚 문장을 읽고 알맞은 그림을 찾아 선을 이으세요.

엄마가 머리를 빗어요.

엄마가 이모를 만나요.

엄마가 다리미로 옷을 다려요.

📚 다음 글을 읽고 물음에 답하세요.

모기 두 마리가 윙윙
아기 이마에 앉더니
으앙, 아야!
모기 저리 가!

1 모기가 몇 마리 있었는지 알맞은 그림에 ○ 하세요.

2 모기가 어디에 앉았나요?

이마   이모

도전 쓰기왕 3단계

📚 빈칸에 공통으로 들어갈 글자를 쓰세요.

이 ⬚

도 ⬚

⬚ 기

⬚ 자

🎧 잘 듣고 받아쓰세요.

① ⬚⬚

② ⬚⬚

③ ⬚⬚

④ ⬚⬚

⑤ ⬚⬚ ⬚ ⬚⬚

⑥ ⬚⬚ 아 래

⑦ ⬚⬚ 왔 어 요 .

⑧ ⬚⬚ ⬚⬚ !

⑨ ⬚⬚ ⬚⬚

⑩ 다 리 를 ⬚⬚ .

1단계 글 자 읽 기

ㅂ을 소리 내요

ㅂ

이름 비읍

소리 [브]

ㅂ에 모음을 붙여 글자를 만들어요

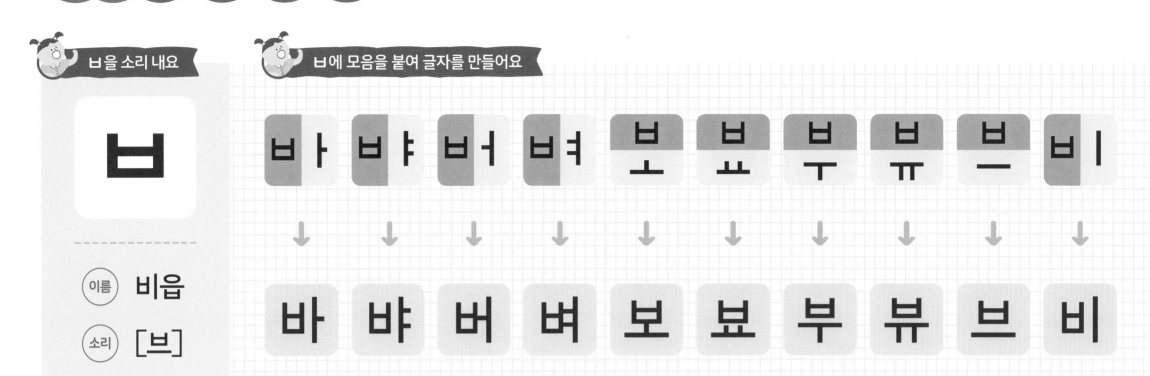

바 뱌 버 벼 보 뵤 부 뷰 브 비

또박또박 읽어요

바 → 뱌벼 → 보 → 뵤 → 비보비보 → 뷰 → 부다

바우바우 → 뱌 → 비 → 브 → 벼리 → 비벼비벼 → 어부바

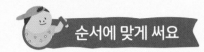

1단계 글 자 쓰 기

순서에 맞게 써요

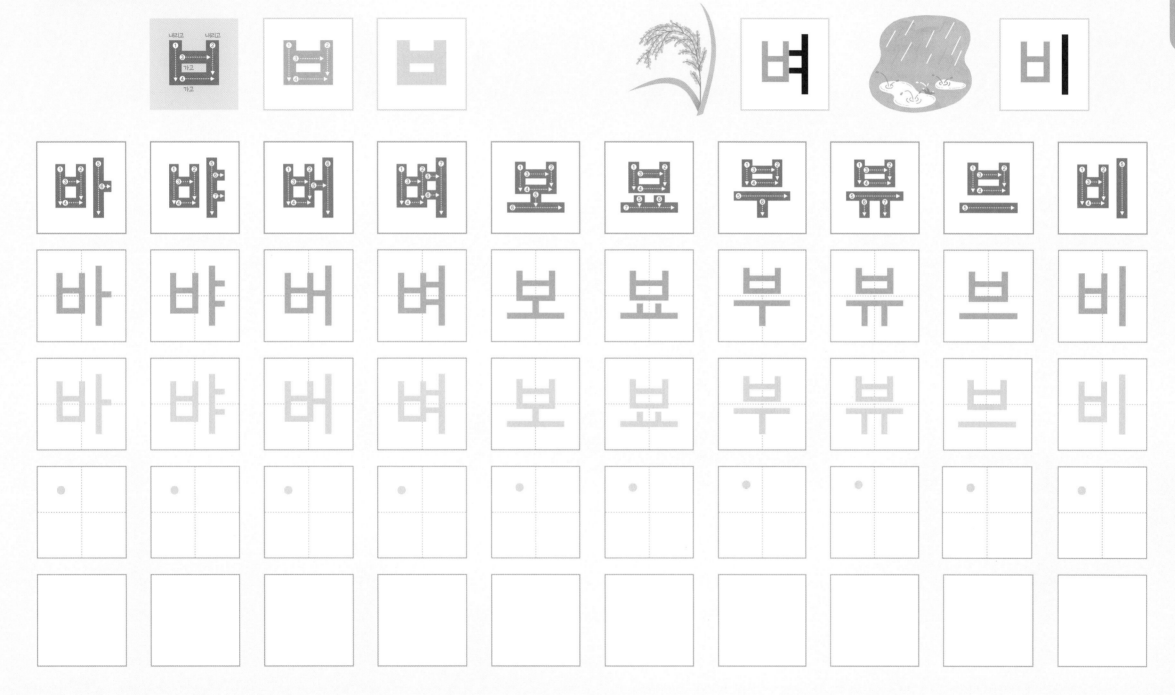

2단계 낱말 읽기

 낱말을 읽어요

바 다

벼

바 구니

비

그림의 이름을 글자판에서 찾아 ◯ 하세요

두	부	으	겨	🐱
🐦	리	규	비	누
고	바	🌱	냐	이
듀	나	료	우	기
무	나	어	🦕	녀

2단계 낱말쓰기

 낱말을 완성해요

※ 어떤 글자는 두 번 쓰일 수 있어요.

보기 바 뱌 버 벼 보 뵤 부 뷰 브 비

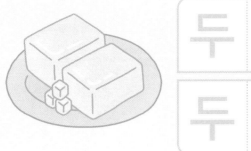 두 두

 다 다

 락 락

 누 누

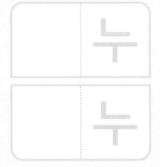 스 스

 나 나 나 나

도전 읽기왕 3단계

📚 문장을 읽고 알맞은 그림을 찾아 선을 이으세요.

비버가
바지를 입어요. •

비버가
나비와 놀아요. •

비버가
손을 비벼요. •

📚 다음 글을 읽고 물음에 답하세요.

여우 바구니는 보라색 바구니
바구니에 바나나 두 개,
오이 두 개 담고
룰루랄라 소풍 가요.

1 여우의 바구니는 무슨 색인가요?

2 여우가 바구니에 담은 것을 모두 찾아 ◯ 하세요.

43

도전 쓰기왕 3단계

📚 빈칸에 공통으로 들어갈 글자를 쓰세요.

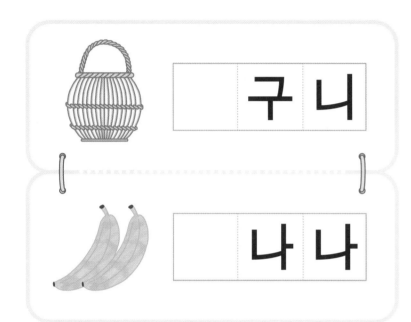

구	니

나	나

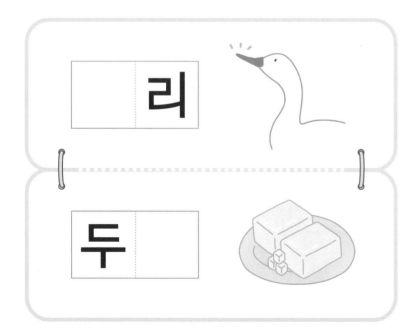

리	

두	

🎧 잘 듣고 받아쓰세요.

① [　|　]

② [　|　]

③ [　|　]

④ [　|　]

⑤ [　|　] [　|　]

⑥ [　|　] 날 아 요 .

⑦ [　|　] 손 을 씻 자 .

⑧ [　|　] 눈 을 [　|　] .

⑨ 쓰 레 기 를 [　|　] .

⑩ 풀 을 종 이 에 [　|　] .

 **1단계** 글 자 읽 기

ㅅ을 소리 내요

ㅅ에 모음을 붙여 글자를 만들어요

ㅅ

이름 시옷

소리 [스]

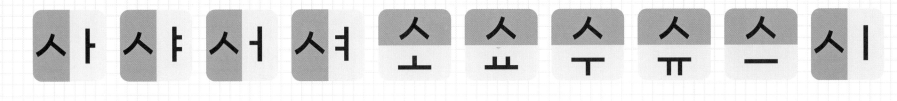

사	샤	서	셔	소	쇼	수	슈	스	시
↓	↓	↓	↓	↓	↓	↓	↓	↓	↓
사	샤	서	셔	소	쇼	수	슈	스	시

 또박또박 읽어요

사 --- 샤셔 --- 소 --- 쇼 --- 어서어서 --- 슈 --- 으스스

스시스시 --- 셔 --- 시 --- 스 --- 수수 --- 서리서리 --- 소시

1단계 글자쓰기

 순서에 맞게 써요

 소 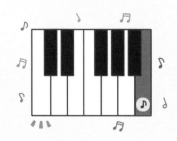 시

사 샤 서 셔 소 쇼 수 슈 스 시

사 샤 서 셔 소 쇼 수 슈 스 시

2단계 낱말읽기

 낱말을 읽어요

버 스

사 다리

시 소

가 수

 낱말을 읽고 알맞은 그림을 찾아 선을 이어요

소라

모서리

가시

소시지

2단계 낱말쓰기

 낱말을 완성해요

※ 어떤 글자는 두 번 쓰일 수 있어요.

보기 　사　샤　서　셔　소　쇼　수　슈　스　시

버
버

다 리
다 리

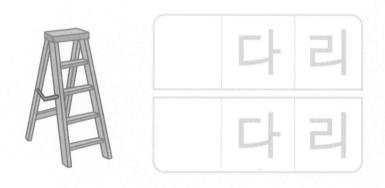

라
라

계
계

옥
옥

도전 읽기 왕 3단계

📚 문장을 읽고 알맞은 그림을 찾아 선을 이으세요.

오소리가
사다리를 타요.

오소리가
소리를 질러요.

오소리가 도시로
이사를 가요.

📚 다음 글을 읽고 물음에 답하세요.

야호! 드디어 캠핑을 가요!
소고기 구이를 먹어요.
소시지 구이도 먹어요.
옥수수 구이도 먹어요.
사이다도 마셔요. 껙~!

1 이 글과 어울리는 그림에 ◯ 하세요.

2 캠핑에서 먹은 음식이 <u>아닌</u> 것에 ✕ 하세요.

도전 쓰기왕 3단계

빈칸에 공통으로 들어갈 글자를 쓰세요.

| 가 | |

| | 계 |

| 시 | |

| | 라 |

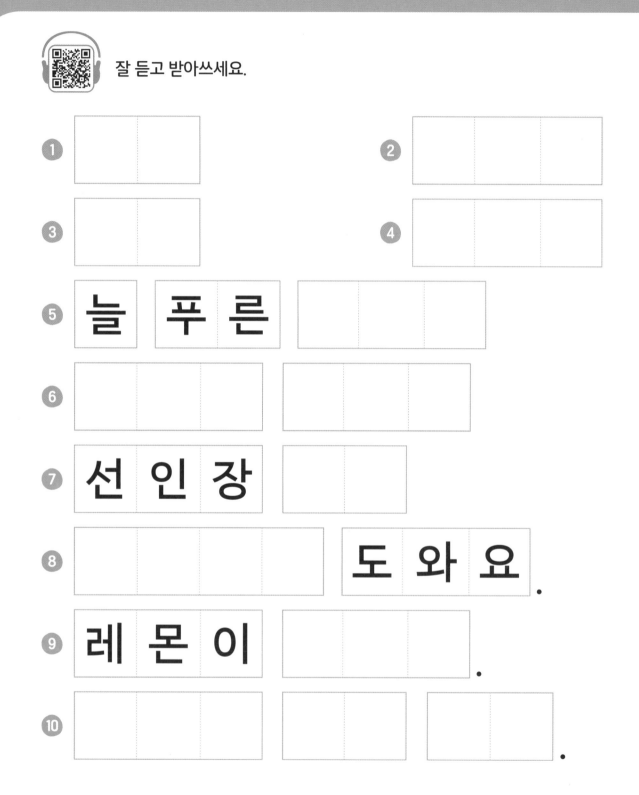

잘 듣고 받아쓰세요.

① | | |

② | | |

③ | | |

④ | | |

⑤ | 늘 | 푸 | 른 | | | |

⑥ | | | | | |

⑦ | 선 | 인 | 장 | | |

⑧ | | | | 도 | 와 | 요 | .

⑨ | 레 | 몬 | 이 | | | .

⑩ | | | | | | | | .

1단계 글자 읽기

 ㅈ을 소리 내요

ㅈ

이름 지읒

소리 [즈]

ㅈ에 모음을 붙여 글자를 만들어요

쟈	쟈	저	져	조	죠	주	쥬	즈	지
↓	↓	↓	↓	↓	↓	↓	↓	↓	↓
자	쟈	저	져	조	죠	주	쥬	즈	지

 또박또박 읽어요

자 --- 쟈져 --- 조 --- 죠 --- <u>으즈으즈</u> --- 쥬 --- 주저

지주지주 --- 져 --- 지 --- 즈 --- 자요 --- <u>오리조리</u> --- 쥬죠

1단계 글자 쓰기

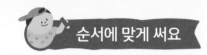
순서에 맞게 써요

2단계 낱말읽기

 낱말을 읽어요

 낱말을 읽고 알맞은 그림을 찾아 길을 따라가요

자 라

두더 지

야 자 수

주 사

저고리　바지　주머니　모자

2단계 낱말 쓰기

 낱말을 완성해요

※ 어떤 글자는 두 번 쓰일 수 있어요.

보기 자 쟈 저 져 조 죠 주 쥬 즈 지

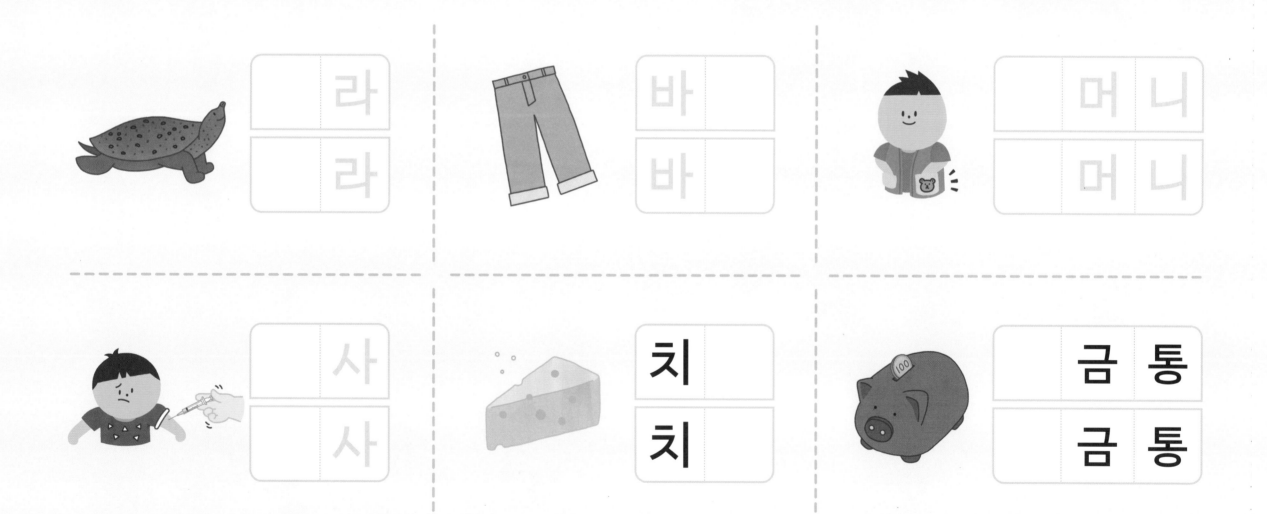

	라
	라

바	
바	

머	니
머	니

사	
사	

치	
치	

금	통
금	통

도전 읽기 왕 3단계

문장을 읽고 알맞은 그림을 찾아 선을 이으세요.

두더지가
주스를 마셔요.

두더지가
지도를 보아요.

두더지가
모자를 써요.

다음 글을 읽고 물음에 답하세요.

사자가 나무 아래에서
쿨쿨 자고 있어요.
자라가 지나가다가
사자 수염을 건드렸어요.
'사자가 깨기 전에 도망가자!'

1 사자가 어디에서 자고 있나요?

2 사자 수염을 누가 건드렸나요?

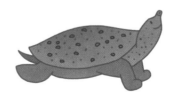 

📚 빈칸에 공통으로 들어갈 글자를 쓰세요.

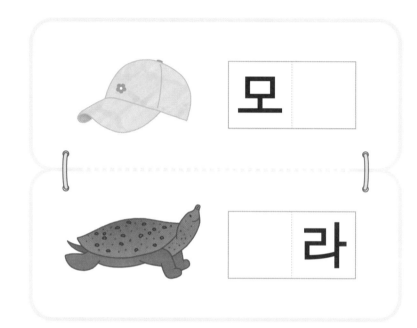

모 [ ]

( )

[ ] 라

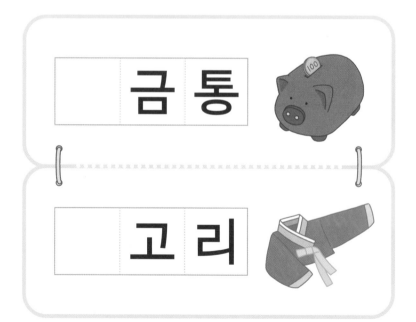

금 통

( )

고 리

🎧 잘 듣고 받아쓰세요.

① [ ][ ]

② [ ][ ]

③ [ ][ ]

④ [ ][ ]

⑤ [ ][ ][ ] 커 요 .

⑥ [ ][ ][ ][ ] 작 아 요 .

⑦ 들 킬 까 봐 [ ][ ][ ]

⑧ [ ][ ] [ ][ ] .

⑨ [ ][ ][ ] [ ][ ][ ]

⑩ 알 록 달 록 [ ][ ]

1단계 글자읽기

 ㅊ을 소리 내요

ㅊ

이름 치읓

소리 [츠]

 ㅊ에 모음을 붙여 글자를 만들어요

챠	챠	처	쳐	초	쵸	추	츄	츠	치
↓	↓	↓	↓	↓	↓	↓	↓	↓	↓
차	챠	처	쳐	초	쵸	추	츄	츠	치

또박또박 읽어요

차 --- 챠쳐 --- 초 --- 쵸 --- 초쳐초쳐 --- 츄 --- 추처

처요처요 --- 쳐 --- 치 --- 츠 --- 차요 --- 치아치아 --- 츄쵸

1단계 글자 쓰기

순서에 맞게 써요

 차  초

차	챠	처	쳐	초	쵸	추	츄	츠	치
차	챠	처	쳐	초	쵸	추	츄	츠	치
차	챠	처	쳐	초	쵸	추	츄	츠	치

2단계 낱말 읽기

 낱말을 읽어요

 낱말을 읽고 알맞은 그림을 찾아 선을 이어요

처 마

고 추

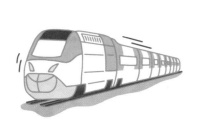

기 차

초

치즈 •

부츠 •

치마 •

추수 •

•

•

•

•

2단계 낱말 쓰기

 낱말을 완성해요

※ 어떤 글자는 두 번 쓰일 수 있어요.

보기 차 챠 처 쳐 초 쵸 추 츄 츠 치

 고 / 고

 마 / 마

 부 / 부

 마 / 마

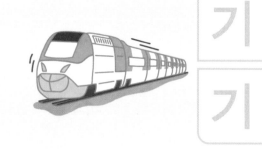 기 / 기

 록 / 록

도전 읽기왕 3단계

📚 문장을 읽고 알맞은 그림을 찾아 선을 이으세요.

아버지가
라디오를 고쳐요.

아버지가
버스를 타요.

아버지가 처마를
쳐다보아요.

📚 다음 물음에 답하세요.

1 탈것의 이름을 말하고 '차'로 끝나는 것을 모두 찾아 ◯ 하세요.

2 다음 글을 읽고 마트에서 사야 할 것을 모두 찾아 ◯ 하세요.

사야 할 것
치즈, 고추, 부추

 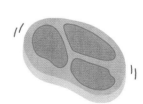 

도전 쓰기왕 3단계

빈칸에 공통으로 들어갈 글자를 쓰세요.

고 □

부 □

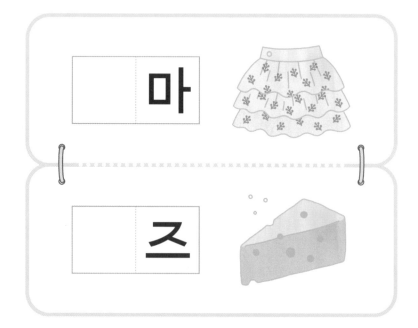

□ 마

□ 즈

잘 듣고 받아쓰세요.

① □ □

② □ □

③ □ □

④ □ □ 운 전

⑤ □ □ □ □

⑥ □ □ 길 어 요 .

⑦ □ □ □ □ 좋 아 .

⑧ 방 을 □ □ □ □ .

⑨ 짐 을 □ □ □ □ .

⑩ 작 은 □ □ 매 워 요 .

1단계 글자읽기

 ㅋ을 소리 내요

ㅋ

이름 키읔

소리 [크]

 ㅋ에 모음을 붙여 글자를 만들어요

카	캬	커	켜	코	쿄	쿠	큐	크	키
↓	↓	↓	↓	↓	↓	↓	↓	↓	↓
카	캬	커	켜	코	쿄	쿠	큐	크	키

 또박또박 읽어요

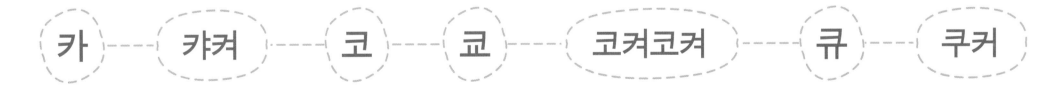

카 --- 캬켜 --- 코 --- 쿄 --- 코켜코켜 --- 큐 --- 쿠커

캬캬캬 --- 커 --- 쿠 --- 키 --- 코쿠 --- 크크크 --- 크카

1단계 글자쓰기

 순서에 맞게 써요

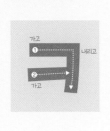

       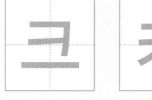

카 캬 커 켜 코 쿄 쿠 큐 크 키

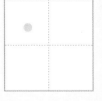         

2단계 낱말읽기

 낱말을 읽어요

코

마이 크

소 쿠 리

키

 낱말을 읽고 알맞은 그림을 찾아 선을 이어요

쿠키 ·

카누 ·

스키 ·

코코아 ·

2단계 낱말 쓰기

 낱말을 완성해요

※ 어떤 글자는 두 번 쓰일 수 있어요.

보기 카 캬 커 켜 코 쿄 쿠 큐 크 키

 스
스

 소　리
소　리

 피
피

 누
누

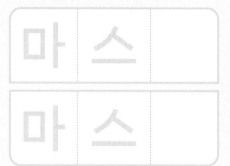 마 스
마 스

도전 읽기왕 3단계

📚 문장을 읽고 알맞은 그림을 찾아 선을 이으세요.

마스크를 써요. •

마이크를 들고
노래해요. •

코피가 나요. •

📚 다음 글을 읽고 물음에 답하세요.

두나의 크리스마스

크크크 크리스마스에는

쿠쿠쿠 쿠키를 만들고,

코코코 코코아를 마시고,

키키키 스키를 타.

1 두나가 크리스마스에 한 일을 모두 찾아 ◯ 하세요.

2 ☐ 안에 들어갈 알맞은 말에 ◯ 하세요.

두나는 크리스마스에 ☐ 를 마셨어요.

쿠키   코코아

도전 쓰기왕 3단계

📚 빈칸에 공통으로 들어갈 글자를 쓰세요.

스 [ ]

쿠 [ ]

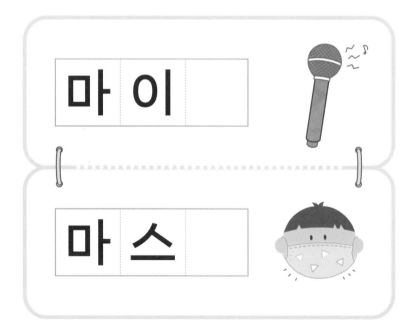

마 이 [ ]

마 스 [ ]

🎧 잘 듣고 받아쓰세요.

① [ ][ ]

② [ ][ ]

③ [ ][ ]

④ [ ][ ]

⑤ [ ][ ] 여 행

⑥ 형 은 [ ][ ] [ ][ ] .

⑦ 동 그 란 [ ][ ]

⑧ [ ][ ] 쌓 인 먼 지

⑨ [ ][ ] [ ][ ] [ ][ ] .

⑩ [ ][ ] 맛 있 어 .

1단계 글 자 읽 기

ㅌ을 소리 내요

ㅌ

이름 티읕

소리 [트]

ㅌ에 모음을 붙여 글자를 만들어요

ㅌㅏ	ㅌㅑ	ㅌㅓ	ㅌㅕ	ㅌㅗ	ㅌㅛ	ㅌㅜ	ㅌㅠ	ㅌㅡ	ㅌㅣ

↓ ↓ ↓ ↓ ↓ ↓ ↓ ↓ ↓ ↓

타	탸	터	텨	토	툐	투	튜	트	티

또박또박 읽어요

타 ─ 탸텨탸텨 ─ 토 ─ 투 ─ 툐튜툐튜 ─ 터 ─ 타타타

티키타카 ─ 탸 ─ 티 ─ 토투터 ─ 트트트 ─ 타다

1단계 글자쓰기

순서에 맞게 써요

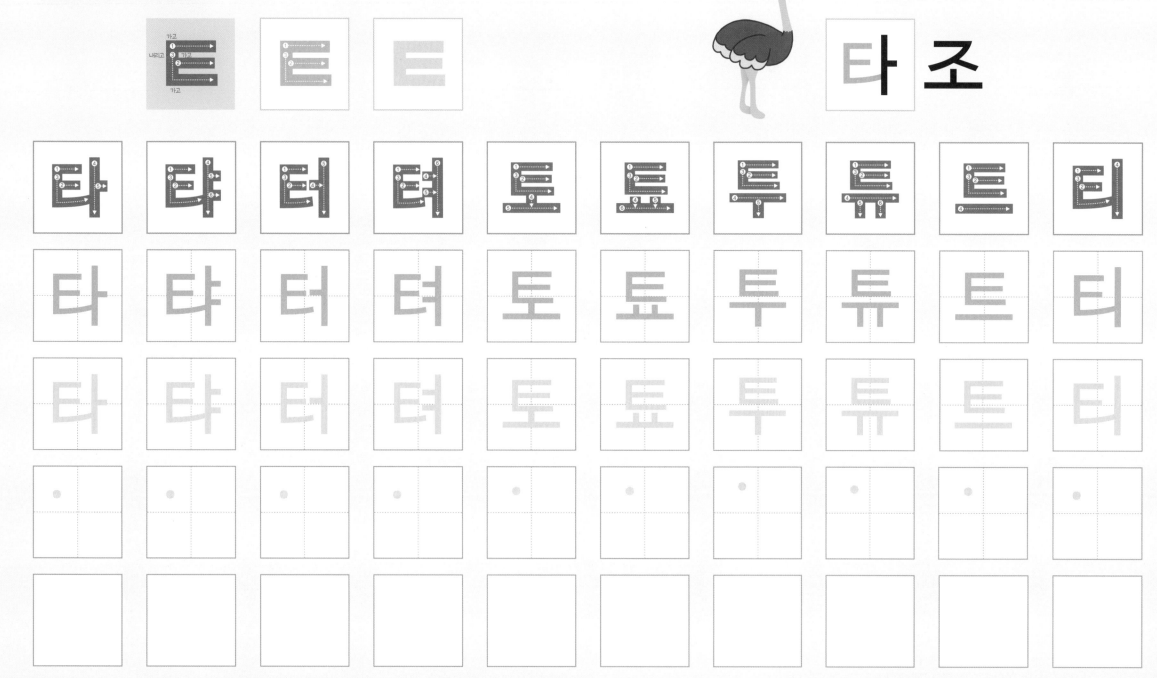

타 조

타	탸	터	텨	토	툐	투	튜	트	티
타	탸	터	텨	토	툐	투	튜	트	티
타	탸	터	텨	토	툐	투	튜	트	티

2단계 낱말읽기

 낱말을 읽어요

치 타

도 토 리

버 터

기 타

 낱말을 읽고 알맞은 그림을 찾아 선을 이어요

타조 ·

토스트 ·

토마토 ·

보트 ·

2단계  낱말 쓰기

낱말을 완성해요

※ 어떤 글자는 두 번 쓰일 수 있어요.

보기 타 탸 터 텨 토 툐 투 튜 트 티

버	
버	

치	
치	

도		리
도		리

호	
호	

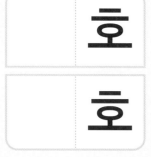

보	
보	

셔	츠
셔	츠

도전 읽기 왕 3단계

📚 문장을 읽고 알맞은 그림을 찾아 선을 이으세요.

튜브 탄
티라노사우루스

도토리 먹는
티라노사우루스

친구와 싸우는
티라노사우루스

📚 다음 글을 읽고 물음에 답하세요.

타조와 치타

타타타 타조가 기타를 쳐.

타타타 타조가 스포츠카를 타.

치치치 치타가 버터를 사.

치치치 치타가 보트를 타.

1 타조는 무엇을 타나요?

2 치타는 무엇을 사나요?

73

도전 쓰기왕 3단계

빈칸에 공통으로 들어갈 글자를 쓰세요.

치 [ ]

기 [ ]

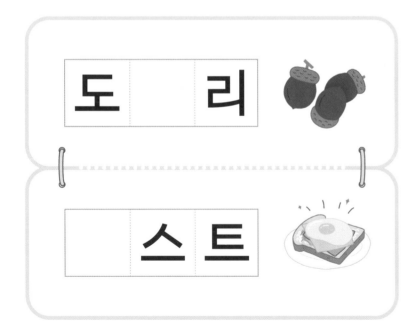

도 [ ] 리

스 트 [ ]

잘 듣고 받아쓰세요.

① [ ][ ]

② [ ][ ]

③ [ ][ ]

④ [ ][ ]

⑤ 노 란 [ ]

⑥ [ ] [ ] [ ].

⑦ [ ] [ ]

⑧ [ ] 빨 개 요.

⑨ [ ] 불 을 [ ].

⑩ [ ] [ ] 물 놀 이

1단계 글자읽기

ㅍ을 소리 내요

ㅍ

이름 피읖

소리 [프]

ㅍ에 모음을 붙여 글자를 만들어요

파	퍄	퍼	펴	포	표	푸	퓨	프	피
↓	↓	↓	↓	↓	↓	↓	↓	↓	↓
파	퍄	퍼	펴	포	표	푸	퓨	프	피

또박또박 읽어요

파 --- 퍄펴 --- 포 --- 푸 --- 표퓨표퓨 --- 프 --- 파프파프

어퓨어퓨 --- 퍄 --- 퍼 --- 피 --- 포푸 --- 프프프 --- 파푸

1단계 글자쓰기

순서에 맞게 써요

파 퍄 퍼 펴 포 표 푸 퓨 프 피

파 퍄 퍼 펴 포 표 푸 퓨 프 피

2단계 낱말읽기

 낱말을 읽어요

퓨 마

파 리

표 류

코 피

 낱말을 읽고 알맞은 그림을 찾아 선을 이어요

포크 ·

포도 ·

수프 ·

파 ·

2단계 낱말 쓰기

 낱말을 완성해요

※ 어떤 글자는 두 번 쓰일 수 있어요.

| 보기 | 파 퍄 퍼 펴 포 표 푸 퓨 프 피 |

| 도 |
| 도 |

| 마 |
| 마 |

| 리 |
| 리 |

| 수 |
| 수 |

| 즐 |
| 즐 |

| 자 |
| 자 |

도전 읽기왕 3단계

📚 문장을 읽고 알맞은 그림을 찾아 선을 이으세요.

피아노를 치는
퓨마

피자를 먹는
퓨마

수영을 하는
퓨마

📚 다음 글을 읽고 물음에 답하세요.

파티에 가요

오늘은 피노키오의 생일
피아노 치며 노래 불러요.
수프도 먹고, 피자도 먹고,
파이도 먹어요.

1 누구의 생일인가요?

피노티노 　　　　　 피노키오

2 생일 파티에서 먹은 음식이 <u>아닌</u> 것에 X 하세요.

도전 쓰기왕 3단계

📚 빈칸에 공통으로 들어갈 글자를 쓰세요.

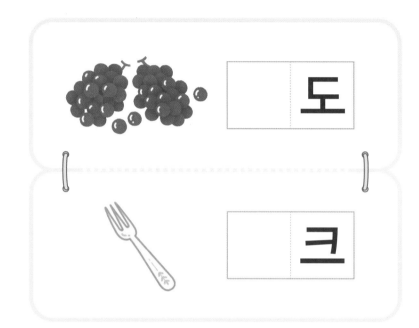

	도

	크

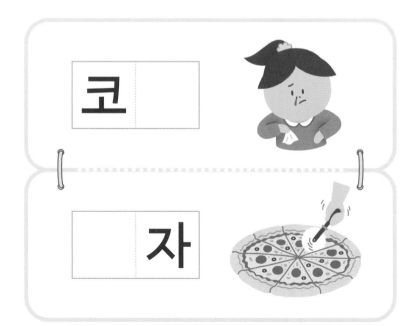

코	

	자

🎧 잘 듣고 받아쓰세요.

① 　　

② 　　

③ 　　

④ 　　

⑤ 　　 헤 엄 쳐 .

⑥ 　　 먹 어 요 .

⑦ 　　 윙 윙 대 요 .

⑧ 　　 　　 .

⑨ 　　 　　 .

⑩ 소 문 이 　　 .

1단계 글자읽기

ㅎ을 소리 내요

ㅎ

이름 히읗

소리 [흐]

ㅎ에 모음을 붙여 글자를 만들어요

| 햐 | 햐 | 허 | 혀 | 호 | 효 | 후 | 휴 | 흐 | 히 |

↓ ↓ ↓ ↓ ↓ ↓ ↓ ↓ ↓ ↓

| 하 | 햐 | 허 | 혀 | 호 | 효 | 후 | 휴 | 흐 | 히 |

또박또박 읽어요

하 --- 햐혀 --- 호 --- 후 --- 효휴효휴 --- 흐 --- 히히호호

후리후리 --- 햐 --- 허 --- 히 --- 호후하 --- 허허허 --- 하흐

1단계 글자쓰기

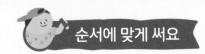

순서에 맞게 써요

2단계 낱말읽기

낱말을 읽어요

호 두

휴 지

하 마

오 후

낱말을 읽고 알맞은 그림을 찾아 선을 이어요

혀 •

호루라기 •

허리 •

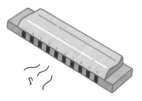

하모니카 •

2단계 낱말쓰기

 낱말을 완성해요

※ 어떤 글자는 두 번 쓰일 수 있어요.

보기 **하 햐 허 혀 호 효 후 휴 흐 히**

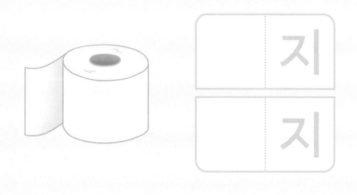

지
지

리
리

랑	이
랑	이

두
두

마
마

늘
늘

📚 글을 읽고 밑줄 친 부분에 어울리는 그림을 찾아 번호를 쓰세요.

보기

① ② ③

하마가 이상하다. 코를 후비다가
（　　　）

혀를 내밀다가 허리를 구부린다.
（　　　） （　　　）

📚 다음 글을 읽고 물음에 답하세요.

두리가 부는 하모니카 소리

엄마는 하하하! 아빠는 허허허!

두리가 부는 리코더 소리

엄마는 호호호! 아빠는 흐흐흐!

1 두리가 분 것이 <u>아닌</u> 것에 ✕ 하세요.

| 리코더 | 하모니카 | 호루라기 |

2 엄마와 아빠의 웃음 소리를 모두 찾아 선을 이으세요.

| 엄마 | 아빠 |

허허허　하하하　호호호　흐흐흐

도전 쓰기왕 3단계

📚 빈칸에 공통으로 들어갈 글자를 쓰세요.

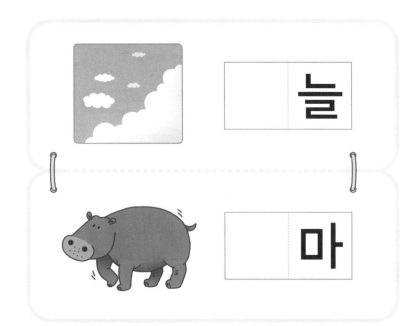

| | 늘 |

| | 마 |

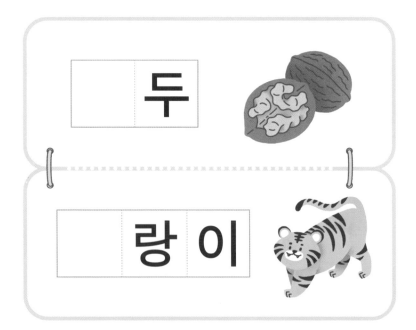

| 두 | |

| 랑 | 이 |

🎧 잘 듣고 받아쓰세요.

① ☐☐
② ☐☐☐
③ ☐☐
④ ☐☐☐
⑤ ☐☐☐
⑥ ☐ ☐☐☐ ☐ .
⑦ ☐☐ ☐☐☐ .
⑧ ☐☐ ☐☐☐ ?
⑨ 물 이 ☐☐ .
⑩ ☐☐ 닦 아 요 .

1단계 글자 읽기

 받침 ㅇ을 소리 내요

 받침 ㅇ이 들어간 글자를 만들어요

강

이름 이응

소리 [응]

가 → 강 야 → 양 지 → 징 혀 → 형

수 → 숭 요 → 용 조 → 종 초 → 총

 또박또박 읽어요

낭 — 성 — 링딩동 — 령 — 병 — 징창옹 — 형

통통퉁퉁 — 방 — 헝 — 킹쿵 — 명랑명랑 — 정종장중

87

1단계 글자 쓰기

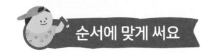 순서에 맞게 써요

받침은 맨 마지막에 써!

 강 강

 성  종

낭	덩	병	양	창	링	붕	옹	총	흥
낭	덩	병	양	창	링	붕	옹	총	흥
낭	덩	병	양	창	링	붕	옹	총	흥

2단계 낱말읽기

낱말을 읽어요

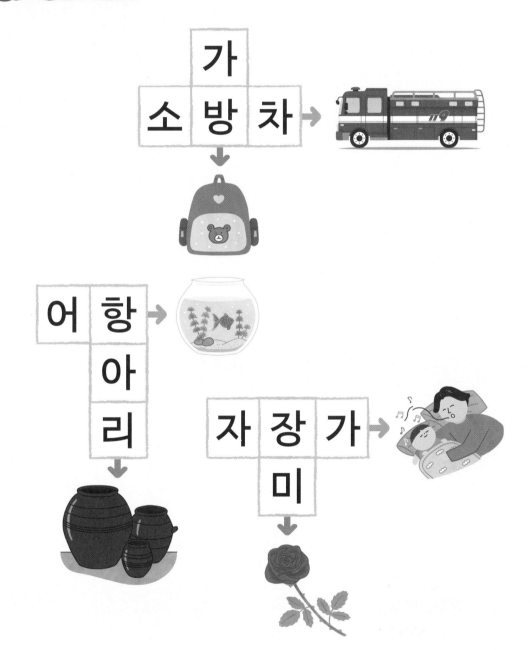

가
소 방 차
가
어 항
아
리
자 장 가
미

알맞은 이름에 ○ 하고 읽어요

병아리
벼아리

호라이
호랑이

간아지
강아지

공룡
고료

2단계 낱말 쓰기

 낱말을 완성해요

※ 어떤 글자는 두 번 쓰일 수 있어요.

보기   영 장 종 탕 랑 병 강 항 녕 동

①  아 리 가 삐악삐악

⑤  호 이 가 으르렁

②  소 리 가 커요.

⑥  미 한 송이

③ 달콤한 솜 사

⑦  수 을 매일 배우다.

④  아 지 와 공놀이해요.

⑧  커다란 아 리

도전 읽기 왕 3단계

다음 글을 읽고 물음에 답하세요.

 방학에 하고 싶은 것

1. 공원에서 짜장면 시켜 먹기
2. 솜사탕 먹기
3. 강아지와 공놀이하기

 방학에 매일 해야 할 일

1. 수영하기
2. 청소하기
3. 한글 공부하기

1 글을 다시 한 번 읽을 때는 / 표시에 맞게 묶어 읽으세요.

방학에 / 하고 싶은 / 것 /
1. 공원에서 / 짜장면 / 시켜 먹기 /
2. 솜사탕 / 먹기 /   3. 강아지와 / 공놀이하기 /

방학에 / 매일 / 해야 할 / 일 /
1. 수영하기 /   2. 청소하기 /   3. 한글 공부하기 /

의미 단위 묶어 읽기 연습을 시작합니다. 아이가 손으로 '/ '부분을 짚어 가며 묶어 읽을 수 있도록 지도해 주세요. 빠르고 정확하게 읽을 수 있습니다.

2 내가 방학에 하고 싶은 것이 <u>아닌</u> 것에 ✕ 하세요.

3 내가 방학에 매일 하기로 한 것을 모두 찾아 ◯ 하세요.

청소   산책   수영

도전 쓰기왕 3단계

📚 빈칸에 공통으로 들어갈 글자를 쓰세요.

어 [ ]

아 리

( )

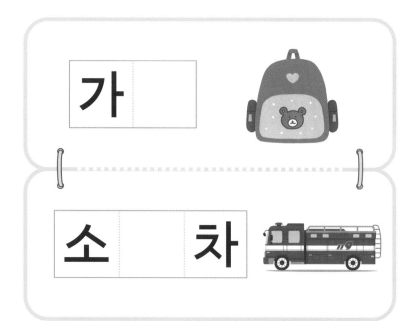

( )

가 [ ]

( )

소 [ ] 차

🎧 잘 듣고 받아쓰세요.

① [ ]

② [ ]

③ [ ]

④ [ ]

⑤ [ ] 자 란 다 .

⑥ [ ] [ ]

⑦ 토 끼 가 [ ] .

⑧ [ ] [ ]

⑨ [ ] [ ] [ ] .

⑩ [ ] [ ]

받침 ㄴ을 소리 내요

 받침 ㄴ이 들어간 글자를 만들어요

간

이름 니은

소리 [은]

나 → 난 　 면 → 면 　 천 → 천 　 현 → 현

무 → 문 　 소 → 손 　 유 → 윤 　 트 → 튼

 또박또박 읽어요

간 ─ 난 ─ 탄판한 ─ 련 ─ 륜 ─ 견련면 ─ 분

건지군지 ─ 훈 ─ 친 ─ 튼튼 ─ 온순온순 ─ 우른우른

1단계 글자 쓰기

 순서에 맞게 써요

 간 간

 연  문

던	변	산	칸	핀	눈	돈	운	준	흔
던	변	산	칸	핀	눈	돈	운	준	흔
던	변	산	칸	핀	눈	돈	운	준	흔

2단계 낱말읽기

낱말을 읽어요

분 수

분
리
수
거

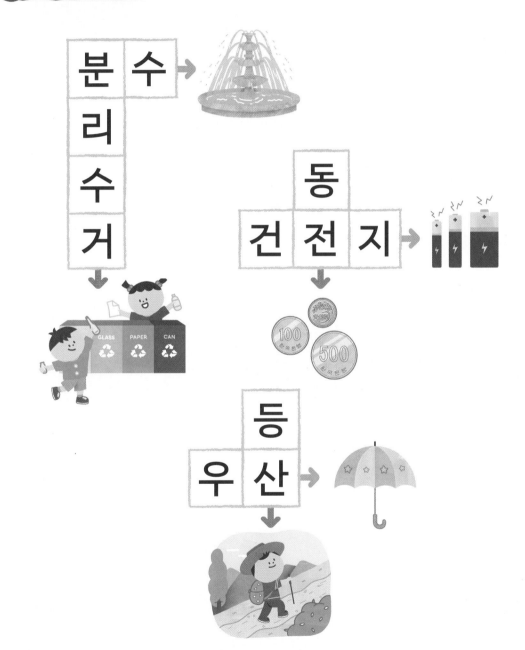

동
건 전 지

등
우 산

낱말을 읽고 알맞은 그림을 찾아 선을 이어요

돈가스 ·

·

치킨 ·

·

만두 ·

·

라면 ·

·

2단계 낱말쓰기

낱말을 완성해요

※ 어떤 글자는 두 번 쓰일 수 있어요.

보기　산　면　연　눈　문　분　건　춘　린　전

①  　☐ 을 날려요.

②  호로록 라☐

③  등☐ 을 가요.

④  ☐ 을 꼭 닫아요.

⑤ 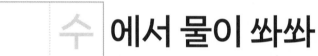 ☐수 에서 물이 쏴쏴

⑥  새 ☐☐지 로 바꿔요.

⑦  목이 긴 기☐

⑧  우☐ 을 써요.

도전 읽기왕 3단계

📚 다음 글을 읽고 물음에 답하세요.

신나는 파티

두근두근
내가 우리 반에서 독서왕이 되었어.
축하 파티를 하자.

나는 피자! 아빠는 치킨! 언니는 돈가스!

하나만 고르기 힘들어.
다 먹을 거야!

1 글을 다시 한 번 읽을 때는 / 표시에 맞게 묶어 읽으세요.

두근두근 /
내가 / 우리 반에서 / 독서왕이 / 되었어. /
축하 파티를 / 하자. /

나는 피자! / 아빠는 치킨! / 언니는 돈가스! /

하나만 고르기 / 힘들어. /
다 / 먹을 거야! /

2 우리 가족이 왜 파티를 하는지 알맞은 말에 ◯ 하세요.

내가 (독서왕, 발명왕)이 되어서

3 가족들이 먹고 싶어한 음식이 <u>아닌</u> 것에 ✕ 하세요.

3단계

빈칸에 공통으로 들어갈 글자를 쓰세요.

등

우

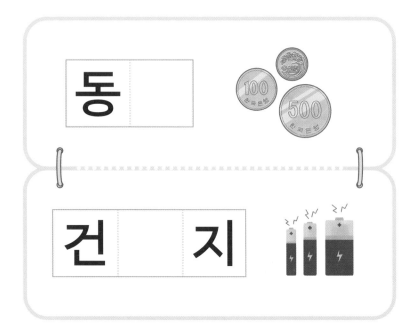

동

건　　지

잘 듣고 받아쓰세요.

① 　　

② 　　

③ 　　

④ 　　

⑤ 　　

⑥ 　　

⑦ 목 이 　　

⑧ 　　

⑨ 꼬 불 꼬 불 　　

⑩ 　　 .

1단계 글자읽기

 받침 ㅁ을 소리 내요

 받침 ㅁ이 들어간 글자를 만들어요

감

이름 미음

소리 [음]

담 → 담　림 → 림　섬 → 섬　힘 → 힘

곰 → 곰　몸 → 몸　음 → 음　춤 → 춤

또박또박 읽어요

냠 — 람 — 밤삼잠 — 맘 — 금 — 캄컴캄컴 — 혐

흠훔흠훔 — 틈 — 짐 — 힘 — 줌춤줌춤 — 엄짐검짐

99

1단계 글자쓰기

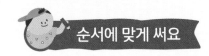 순서에 맞게 써요

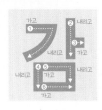 감 감

 섬

 곰

검 딤 밤 삼 컴 늠 룸 옴 줌 폼

검 딤 밤 삼 컴 늠 룸 옴 줌 폼

검 딤 밤 삼 컴 늠 룸 옴 줌 폼

2단계 낱말 읽기

낱말을 읽어요

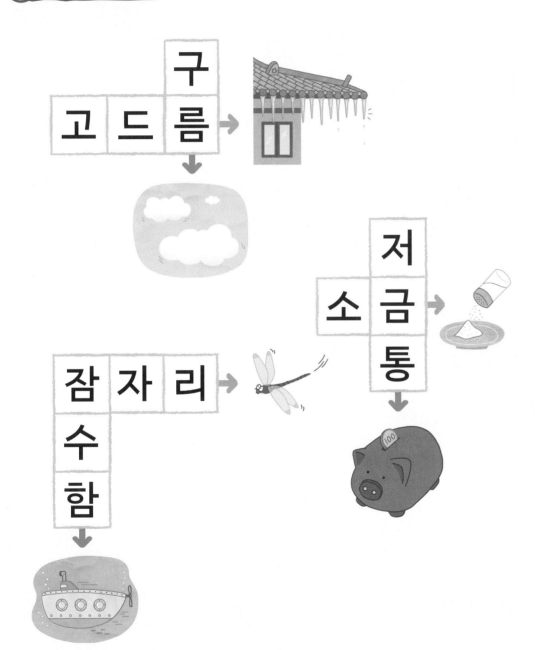

구
고 드 름 →

잠 자 리 →
수
함 →

저
소 금 통 →

알맞은 이름에 ◯ 하고 읽어요

사슴
사슨

공
곰

영소
염소

고슴도치
고승도치

2단계 낱말 쓰기

낱말을 완성해요

※ 어떤 글자는 두 번 쓰일 수 있어요.

보기 품 슴 곰 몸 잠 염 듬 쿰 름 금

① 돼지 ｜ 저 ｜ 통 ｜

② 뭉실뭉실 ｜ 구 ｜ ｜

③ 동생이 ｜ 하 ｜ ｜ 을 해요.

④ 뾰족뾰족 ｜ 고 ｜ ｜ 도치 ｜

⑤ 커다란 ｜ ｜ 인 ｜ 형 ｜

⑥ 가느다란 ｜ 더 ｜ ｜ 이 ｜

⑦ ｜ ｜ 자 ｜ 리 ｜ 가 날아다녀.

⑧ ｜ ｜ 소 ｜ 가 매애

102

📚 다음 글을 읽고 물음에 답하세요.

뭐 하니, 뭐 하니?

염소야, 뭐 하니?
운동하러 산에 가고 있어.

사슴아, 뭐 하니?
심심해서 친구를 찾고 있어.

고슴도치야, 뭐 하니?
배고파서 지렁이를 먹고 있어.

1 글을 다시 한 번 읽을 때는 / 표시에 맞게 묶어 읽으세요.

> 염소야, / 뭐 하니? /
> 운동하러 / 산에 / 가고 있어. /
>
> 사슴아, / 뭐 하니? /
> 심심해서 / 친구를 / 찾고 있어. /
>
> 고슴도치야, / 뭐 하니? /
> 배고파서 / 지렁이를 / 먹고 있어. /

2 사슴은 왜 친구를 찾고 있나요?

| 심심해서 | 졸려서 |

3 고슴도치는 무엇을 먹고 있나요?

도전 쓰기왕 3단계

빈칸에 공통으로 들어갈 글자를 쓰세요.

구 [ ]

( )

고 드

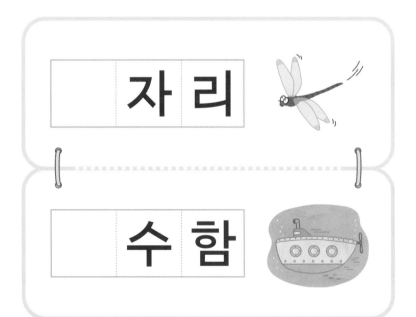

자 리

( )

수 함

잘 듣고 받아쓰세요.

①

②

③

④

⑤

⑥

⑦ .

⑧

⑨ .

⑩ 　　 몽 실 몽 실

1단계 글 자 읽 기

 받침 ㄹ을 소리 내요

 받침 ㄹ이 들어간 글자를 만들어요

갈

이름 리을

소리 [을]

다 → 달　벼 → 별　저 → 절　타 → 탈

무 → 물　소 → 솔　유 → 율　트 → 틀

 또박또박 읽어요

갈 --- 발 --- 살알잘 --- 팔 --- 몰 --- 골골굴굴 --- 혈

룰루랄라 --- 멸 --- 질 --- 탈펄 --- 글닐들릴 --- 빌틀빌틀

1단계 글자 쓰기

순서에 맞게 써요

 갈 갈

 달  풀

널	랄	실	즐	펼	글	돌	욜	툴	힐
널	랄	실	즐	펼	글	돌	욜	툴	힐
널	랄	실	즐	펼	글	돌	욜	툴	힐

2단계 낱말읽기

낱말을 읽어요

물고기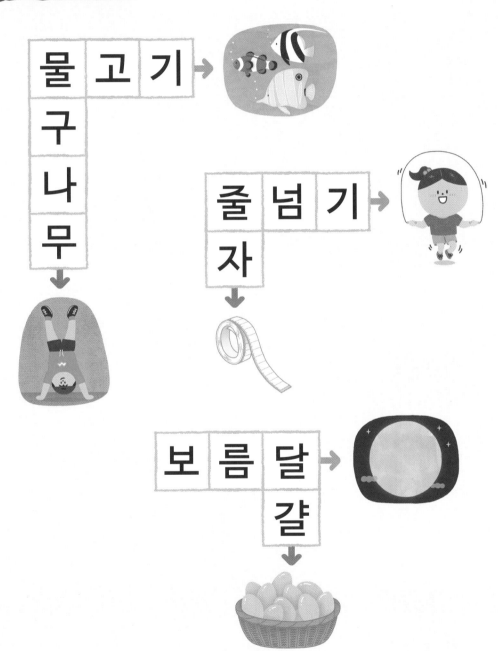

구나무

줄넘기

자

보름달

걀

낱말을 읽고 알맞은 그림을 찾아 선을 이어요

탈 ·

구슬 ·

나팔 ·

보물 ·

107

2단계 낱말 쓰기

낱말을 완성해요

※ 어떤 글자는 두 번 쓰일 수 있어요.

보기 실 달 팔 촐 걀 불 줄 헐 늘 물

①  알록달록 | 고 | 기 |

② 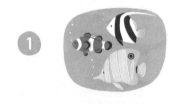 | | 과 | 바 | |

③  둥근 | 보 | 름 |

④  우렁찬 | 나 | 소리

⑤  | 넘 | 기 | 를 해요.

⑥ 바구니에 들어 있는 | 달 |

⑦  별 모양 | 가 | 사 | 리 |

⑧  반짝반짝 | 보 | | 이 가득

도전 읽기왕 3단계

다음 글을 읽고 물음에 답하세요.

달, 달, 너는 무슨 달?

나는 보름달
나는 커다란 수박을 닮았어.

나는 반달
나는 송편을 닮았어.

나는 초승달
나는 크루아상을 닮았어.

---

1 글을 다시 한 번 읽을 때는 / 표시에 맞게 묶어 읽으세요.

> 나는 보름달 /
> 나는 / 커다란 수박을 / 닮았어. /
>
> 나는 반달 /
> 나는 / 송편을 / 닮았어. /
>
> 나는 초승달 /
> 나는 / 크루아상을 / 닮았어. /

2 달이 무엇을 닮았는지 찾아 선을 이으세요.

보름달 ·

반달 ·

초승달 ·

도전 쓰기왕 3단계

📚 빈칸에 공통으로 들어갈 글자를 쓰세요.

	걀

보	름

보	

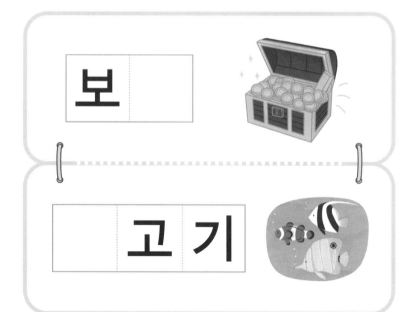

	고	기

🎧 잘 듣고 받아쓰세요.

①
②
③
④
⑤
⑥ .
⑦
⑧
⑨ 옵 니 다 .
⑩ .

1단계 글 자 읽 기

 받침 ㅂ, ㅍ을 소리 내요

 **받침 ㅂ, ㅍ이 들어간 글자를 만들어요**

갑 갚

(이름) 비읍   (이름) 피읖

(소리) [읍]   (소리) [읍]

📢 받침 'ㅂ, ㅍ' 모두 [읍] 소리가 나요.

바ㅂ → 밥   지ㅂ → 집   이ㅍ → 잎   지ㅍ → 짚

구ㅂ → 굽   토ㅂ → 톱   느ㅍ → 늪   수ㅍ → 숲

 또박또박 읽어요

갑 — 납 — 맙밥삽 — 갚 — 깊 — 덮섶숲짚 — 텁

굽신굽신 — 샵 — 솝 — 숲숲 — 피읖비읍 — 겹깁습집

1단계 글자 쓰기

순서에 맞게 써요

 겁 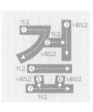 겊  집  짚

굽 눕 삽 탑 줍 덮 잎 늪 릎 숲

굽 눕 삽 탑 줍 덮 잎 늪 릎 숲

굽 눕 삽 탑 줍 덮 잎 늪 릎 숲

2단계 낱말읽기

낱말을 읽어요

소 고 기 덮 밥
통

지
장 갑

앞 치 마
니

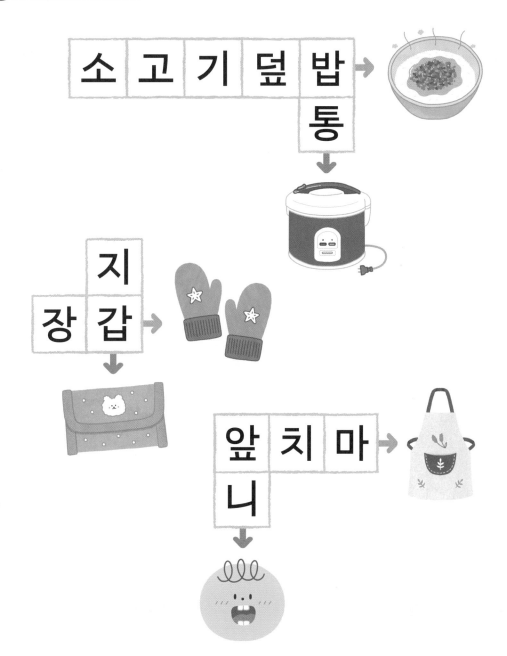

알맞은 이름에 ○하고 읽어요

곱슬머리
곰슬머리

잎술
입술

손톱
손톱

무릅
무릎

113

2단계 낱말쓰기

낱말을 완성해요

※ 어떤 글자는 두 번 쓰일 수 있어요.

보기 갑 집 넙 숲 접 덮 법 곱 톱 앞

①  아기가 □ㅂ가 났어요.

②  쓱싹쓱싹 □질

③ □에 가면 상쾌해요.

④ 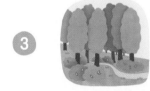 나무로 만든 □

⑤  추울 때는 장□을 껴요.

⑥  □슬□슬 내 머리

⑦  즐거운 종이□기

⑧  맛있는 소고기 □밥

114

도전 읽기 왕 3단계

📖 다음 글을 읽고 물음에 답하세요.

소고기덮밥 만들기

재료 : 소고기, 당근, 양파, 간장, 설탕, 참기름

1. 당근, 양파를 다져요.
2. 소고기에 간장, 설탕, 참기름을 넣어요.
3. 당근, 양파, 소고기를 볶아요.
4. 접시에 밥을 올려요.
5. 밥에 볶은 소고기를 올려요.

소고기덮밥 완성!

1 글을 다시 한 번 읽을 때는 / 표시에 맞게 묶어 읽으세요.

> 소고기덮밥 / 만들기 /
> 1. 당근, / 양파를 / 다져요. /
> 2. 소고기에 / 간장, / 설탕, / 참기름을 / 넣어요. /
> 3. 당근, / 양파, / 소고기를 / 볶아요. /
> 4. 접시에 / 밥을 올려요. /
> 5. 밥에 / 볶은 소고기를 / 올려요. /

2 소고기덮밥을 만드는 데 필요한 재료를 모두 찾아 ◯ 하세요.

| 당근 | 간장 | 생선 | 고추장 |

3 소고기덮밥을 만들기 위해 가장 먼저 할 일은 무엇인가요?

① 　② 　③

도전 쓰기왕 3단계

📚 빈칸에 공통으로 들어갈 글자를 쓰세요.

장 □

지 □

□ 질

손 □

🎧 잘 듣고 받아쓰세요.

① □□

② □□□

③ □□

④ □□□

⑤ □□□ □□□.

⑥ □□ □□

⑦ □□ □

⑧ □□□□ □□□.

⑨ □□□ □□□ □

⑩ □□□ □□□

1단계 글자읽기

 받침 ㄱ, ㅋ을 소리 내요

억 엑

| 이름 기역 | 이름 키읔 |
| 소리 [윽] | 소리 [읔] |

받침 'ㄱ, ㅋ' 모두 [윽] 소리가 나요.

받침 ㄱ, ㅋ이 들어간 글자를 만들어요

바ㄱ → 박 야ㄱ → 약 하ㄱ → 학 녀ㅋ → 녘

구ㄱ → 국 부ㄱ → 북 호ㄱ → 혹 어ㅋ → 엌

 **또박또박 읽어요**

각 ── 낙 ── 닥막박 ── 팍 ── 긱 ── 덕석숙식 ── 톡

칙칙폭폭 ── 흑 ── 닥 ── 억녘 ── 픽미픽미 ── 남극북극

117

1단계 글자 쓰기

순서에 맞게 써요

 각  갈  북  부엌

낙	억	독	약	콕	북	흑	푹	녘	엌
낙	억	독	약	콕	북	흑	푹	녘	엌
낙	억	독	약	콕	북	흑	푹	녘	엌

2단계 낱말읽기

낱말을 읽어요

알맞은 이름에 ◯ 하고 읽어요

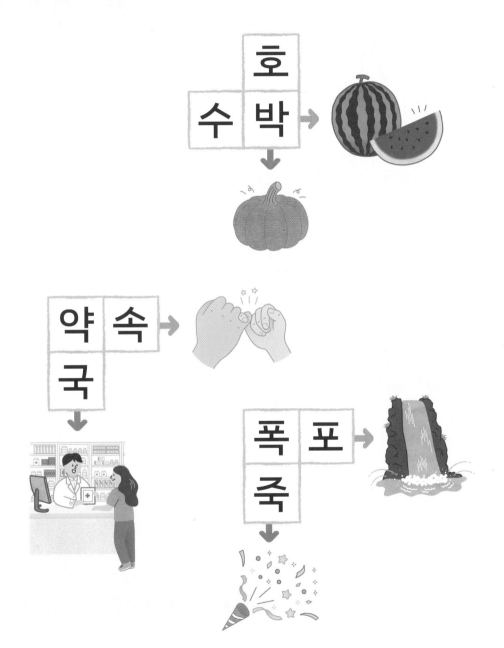

호
수 박

약 속
국

폭 포
죽

달력
단력

부억
부엌

식탁
식탁

주격
주걱

2단계 낱말 쓰기

 낱말을 완성해요

※ 어떤 글자는 두 번 쓰일 수 있어요.

보기 　폭　탁　목　낙　력　속　국　훅　박　턱

①  시원한 　수 ☐

② ☐ 약 　에서 약을 사요.

③  ☐ 죽 　이 팡팡 터져요.

④  꼭꼭 　약 ☐ 해!

⑤  식 ☐ 에서 밥을 먹어요.

⑥  깨끗하게 　☐ 욕 을 하자.

⑦  　수 염 　이 까끌까끌

⑧  달 ☐ 에 생일을 표시해.

도전 읽기 왕 3단계

다음 글을 읽고 물음에 답하세요.

혹부리 영감

옛날에 착한 할아버지가 살았어요.
할아버지 별명은 '혹부리 영감'이에요.
턱에 혹이 있기 때문이지요.
혹부리 영감은 나무를 하러 산에 갔어
요. 시간이 지나 주변이 캄캄해졌어요.
그때 어떤 목소리가 들렸어요. 그 목소
리는 바로 무서운 도깨비였어요.

1 글을 다시 한 번 읽을 때는 / 표시에 맞게 묶어 읽으세요.

옛날에 / 착한 할아버지가 / 살았어요. / 할아버
지 별명은 / '혹부리 영감'이에요. / 턱에 / 혹이 있
기 / 때문이지요. /
　혹부리 영감은 / 나무를 하러 / 산에 / 갔어요. /
시간이 지나 / 주변이 캄캄해졌어요. /
　그때 / 어떤 목소리가 / 들렸어요. / 그 목소리
는 / 바로 / 무서운 / 도깨비였어요. /

2 이 글에 누가 나오는지 모두 찾아 ◯ 하세요.

혹부리 영감　　도깨비　　이야기 할머니

3 다음 내용이 맞으면 ◯, 틀리면 ✕ 하세요.

① 혹부리 영감은 턱에 혹이 있어요. (　　)
② 혹부리 영감은 산에서 잠이 들었어요. (　　)
③ 혹부리 영감은 밥을 먹으러 산에 갔어요. (　　)

도전 쓰 기 왕 3단계

📚 빈칸에 공통으로 들어갈 글자를 쓰세요.

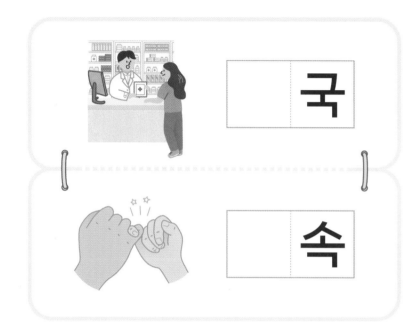

| | 국 |

| | 속 |

| 수 | |

| 호 | |

🎧 잘 듣고 받아쓰세요.

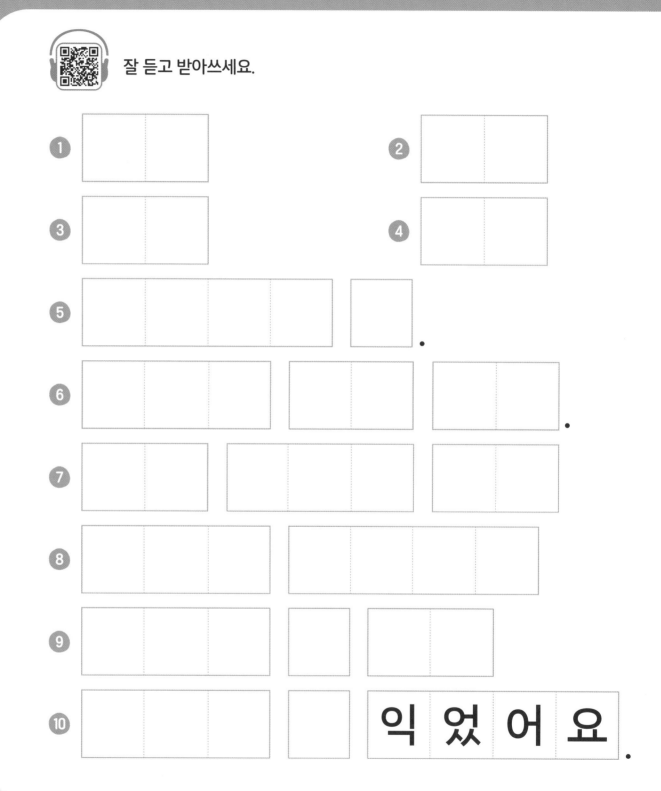

①

②

③

④

⑤ 　.

⑥ 　.

⑦

⑧

⑨

⑩ 　익　었　어　요.

1단계 글 자 읽 기

받침 ㄷ, ㅅ, ㅈ, ㅊ, ㅌ, ㅎ을 소리 내요

갇	갓	갖
이름 디귿	이름 시옷	이름 지읒
소리 [귿]	소리 [귿]	소리 [귿]

갗	같	갛
이름 치읓	이름 티읕	이름 히읗
소리 [귿]	소리 [귿]	소리 [귿]

📢 받침 'ㄷ, ㅅ, ㅈ, ㅊ, ㅌ, ㅎ' 모두 [귿] 소리가 나요.

받침 ㄷ, ㅅ, ㅈ, ㅊ, ㅌ, ㅎ이 들어간 글자를 만들어요

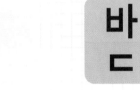

바ㄷ → 받	비ㅅ → 빗
차ㅈ → 찾	나ㅊ → 낯
거ㅌ → 겉	나ㅎ → 낳

 또박또박 읽어요

낫낯낮 — 짓짖짙 — 빗빚 — 숟숫술 — 잇잊옽얕 — 벋벗붖붙

1단계 글 자 쓰 기

 순서에 맞게 써요

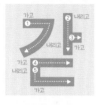 갇 갇  갓 갓 갖 갖

 갗 갗  같 같 갛 갛

걷 튿 못 붓 벚 낯 빛 팥 랗 갛

2단계 낱말읽기

 낱말을 읽어요

낱말을 읽고 알맞은 그림을 찾아 선을 이어요

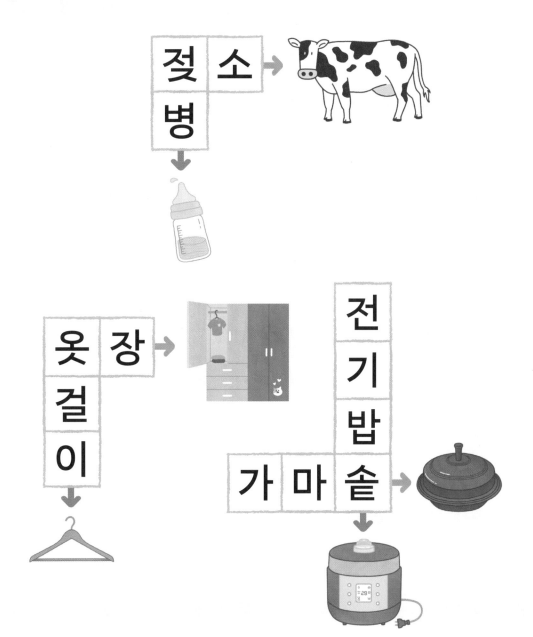

| 젖 | 소 | → |
| 병 | | |

옷	장	→
걸		
이		

	전	
	기	
	밥	
가	마	솥	→

돋보기 ·

숟가락 ·

젓가락 ·

못 ·

2단계 낱말 쓰기

낱말을 완성해요

※ 어떤 글자는 두 번 쓰일 수 있어요.

보기　돈　젓　붓　낮　곧　젖　팥　못　옷　숟

①  ☐ 소 가 음매

②  ☐ 장 속에 옷이 있어요.

③ 뾰족뾰족 ☐

④  보 기 로 자세히 봐요.

⑤  가 락 으로 밥을 먹어요.

⑥  아기가 ☐ 잠 을 자요.

⑦ 길쭉길쭉 가 락

⑧  감을 말리면 ☐ 감

📚 다음 글을 읽고 물음에 답하세요.

🌷 내가 좋아하는 계절 🌷

나는 봄을 좋아한다. 왜냐하면 봄에는 꽃이 많이 피기 때문이다.

나는 노랗게 핀 개나리가 좋다. 우리 동네에서는 개나리 축제도 한다. 노란 꽃을 보면 기분이 정말 좋다. 그리고 봄에는 햇빛이 따뜻해 걷기도 좋다.

봄이 얼른 오면 좋겠다.

1 글을 다시 한 번 읽을 때는 / 표시에 맞게 묶어 읽으세요.

> 나는 / 봄을 좋아한다. / 왜냐하면 / 봄에는 / 꽃이 많이 / 피기 / 때문이다. /
> 나는 / 노랗게 핀 / 개나리가 / 좋다. / 우리 동네에서는 / 개나리 축제도 / 한다. / 노란 꽃을 / 보면 / 기분이 / 정말 좋다. / 그리고 / 봄에는 / 햇빛이 따뜻해 / 걷기도 / 좋다. /
> 봄이 / 얼른 오면 / 좋겠다. /

2 나는 왜 봄을 좋아하나요?

① 꽃이 많이 피기 때문에

② 여행을 많이 갈 수 있기 때문에

3 (   )에 들어갈 알맞은 말에 ◯ 하세요.

나는 노랗게 핀 (개나리를, 벚꽃을) 좋아해요.

도전 쓰기왕 3단계

📚 빈칸에 공통으로 들어갈 글자를 쓰세요.

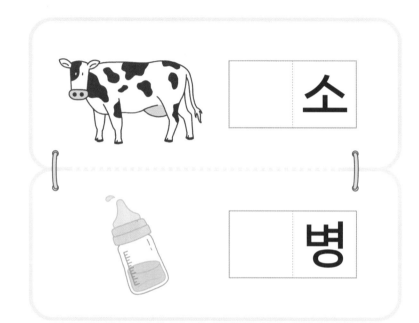

| | 소 |

| | 병 |

| | 장 |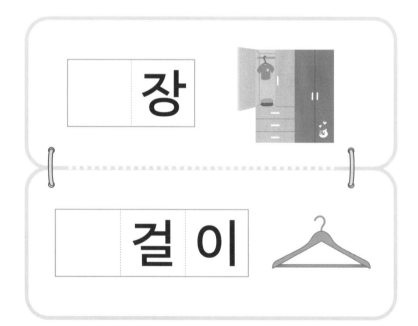

| | 걸 | 이 |

🎧 잘 듣고 받아쓰세요.

1

2

3

4

5

6

7

8 .

9

10 .

1단계 글자읽기

 ㅐ, ㅒ 를 소리 내요

ㅐ	ㅒ
이름 애	이름 얘
소리 [애]	소리 [얘]

 ㅐ, ㅒ 가 들어간 글자를 만들어요

갸 → 개　새 → 새　야 → 얘　걔 → 걔

잼 → 잼　팽 → 팽　걘 → 걘　쟬 → 쟬

 또박또박 읽어요

내 --- 래배애 --- 앵 --- 생 --- 객 --- 개얘걔얠 --- 쟬 --- 뱀

매재 --- 샘생색 --- 뱁 --- 채책챙 --- 냄 --- 택햅뱀

129

1단계 글자쓰기

 순서에 맞게 써요

 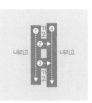   잼  얘기

개 배 댁 잼 행 색 냉 얘 걔 쟤

개 배 댁 잼 행 색 냉 얘 걔 쟤

2단계 낱 말 읽 기

 낱말을 읽어요

개 구 리
나
리

고
모 래

색 종 이
연
필

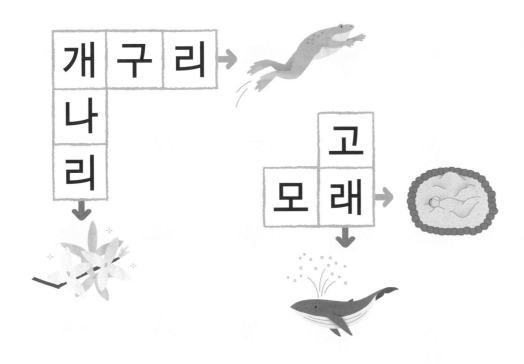

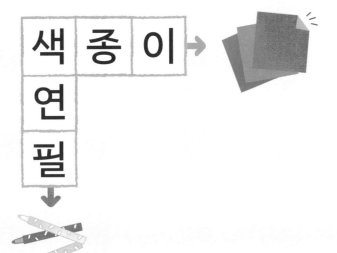

낱말을 읽고 알맞은 그림을 찾아 선을 이어요

맷돌 ·

팽이 ·

냄비 ·

프라이팬 ·

2단계 낱말 쓰기

 낱말을 완성해요

※ 어떤 글자는 두 번 쓰일 수 있어요.

보기 색 대 래 냄 배 채 팽 얘 잼 개

①  [　]구리가 폴짝!

② [　]비 에서 물이 보글보글

③ 고[　] 가 물을 푸푸!

④ [　]를 타고 멀리멀리

⑤  알록달록 [　]종이

⑥  달콤한 딸[기]

⑦  [　]이 가 빙빙 돌아.

⑧  친구와 [　]기 를 해요.

도전 읽기왕 3단계

📖 다음 글을 읽고 물음에 답하세요.

냉장실을 열면 우유가 있고
냉장실을 열면 양파가 있고

냉동실을 열면 새우가 있고
냉동실을 열면 조개가 있고

이 재료로 파스타를 만들어 볼까?

1 글을 다시 한 번 읽을 때는 / 표시에 맞게 묶어 읽으세요.

냉장실을 열면 / 우유가 있고 /
냉장실을 열면 / 양파가 있고 /

냉동실을 열면 / 새우가 있고 /
냉동실을 열면 / 조개가 있고 /

이 재료로 / 파스타를 / 만들어 볼까? /

2 냉장실과 냉동실에 들어 있는 음식 재료를 보기 에서 찾아 번호를 쓰세요.

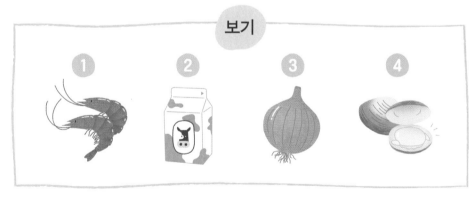

보기

① ② ③ ④

냉장실 –   ,

냉동실 –   ,

도전 쓰기왕 3단계

빈칸에 공통으로 들어갈 글자를 쓰세요.

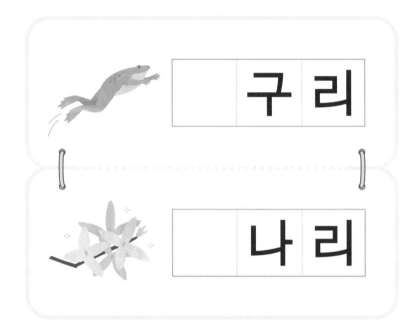

| 구 | 리 |

( )

| 나 | 리 |

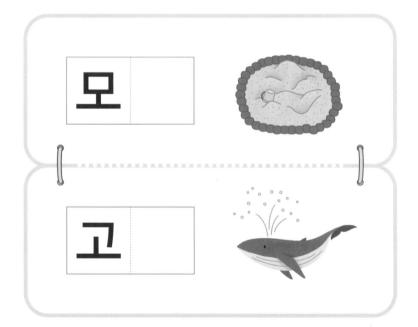

| 모 | |

( )

| 고 | |

잘 듣고 받아쓰세요.

①

②

③

④

⑤ .

⑥ .

⑦

⑧ .

⑨ .

⑩ .

1단계 글자읽기

 ㅔ, ㅖ를 소리 내요

ㅔ	ㅖ
이름 에	이름 예
소리 [에]	소리 [예]

 ㅔ, ㅖ가 들어간 글자를 만들어요

ㄱㅔ → 게 ㅊㅔ → 체 ｜ ㅅㅖ → 셰 ㅇㅖ → 예

ㅅㅔㅅ → 셋 ㅌㅔㄹ → 텔 ｜ ㄱㅖㅅ → 곗 ㅇㅖㅅ → 옛

 또박또박 읽어요

네 --- 데레메 --- 엑 --- 엔 --- 제체케테 --- 벨 --- 셀

텔첼헬 --- 옛곗 --- 멧 --- 메고예고 --- 폐 --- 가게가계

135

1단계 글자 쓰기

순서에 맞게 써요

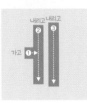 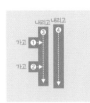  게  옛날

게	벨	레	셋	넵	계	예	폐	혜	옛
게	벨	레	셋	넵	계	예	폐	혜	옛
게	벨	레	셋	넵	계	예	폐	혜	옛

2단계 낱말읽기

낱말을 읽어요

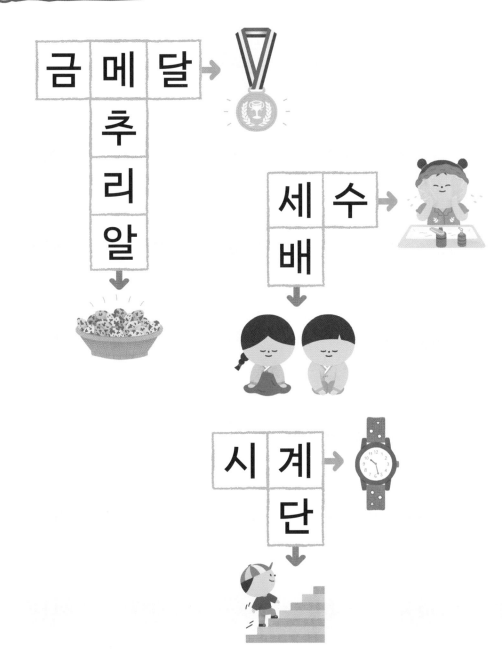

금 메 달

추
리
알

세 수
배

시 계
단

낱말을 읽고 알맞은 그림을 찾아 선을 이어요

텔레비전 ·

베개 ·

계산기 ·

걸레 ·

2단계 낱말 쓰기

낱말을 완성해요

※ 어떤 글자는 두 번 쓰일 수 있어요.

보기 텔 레 게 네 세 계 제 베 메 옛

1  [　] 단 으로 올라가요.

5  금 [　] 달 을 땄어요.

2  어푸어푸 [　] 수 를 하자.

6  걸 [　] 로 닦아요.

3  [　] 개 를 베고 자요.

7  갯벌에 가면 [　] 가 있어요.

4  네모난 [레 비 전]

8  재미난 [날 이 야 기]

138

도전 읽기왕 3단계

다음 글을 읽고 물음에 답하세요.

　　내일은 설날이다. 설날에는 친척들을 만나고 떡국도 먹는다. 그리고 어른들한테 세배도 한다. 세배를 하고 나면 용돈을 받는다. 그것은 바로 '세뱃돈'이다. 나는 세뱃돈을 받을 수 있어서 설날이 참 좋다.

　　작년에는 세뱃돈을 예금했다. 올해는 내가 갖고 싶은 것을 사고 싶다. 게임기도 사고 싶고, 시계도 살 거다.

1 글을 다시 한 번 읽을 때는 / 표시에 맞게 묶어 읽으세요.

　　내일은 설날이다. / 설날에는 / 친척들을 만나고 / 떡국도 먹는다. / 그리고 / 어른들한테 / 세배도 한다. / 세배를 / 하고 나면 / 용돈을 받는다. / 그것은 바로 / '세뱃돈'이다. / 나는 / 세뱃돈을 / 받을 수 / 있어서 / 설날이 / 참 좋다. /
　　작년에는 / 세뱃돈을 예금했다. / 올해는 / 내가 / 갖고 싶은 / 것을 / 사고 싶다. / 게임기도 / 사고 싶고, / 시계도 / 살 거다. /

2 내가 왜 설날을 좋아하는지 알맞은 말에 ○ 하세요.

(세뱃돈, 새뱃돈)을 받을 수 있어서

3 내가 세뱃돈으로 사고 싶은 것을 모두 찾아 ○ 하세요.

도전 쓰기왕 3단계

📖 빈칸에 공통으로 들어갈 글자를 쓰세요.

| 시 | |

( )

| | 단 |

| | 배 |

( )

| 수 | |

🎧 잘 듣고 받아쓰세요.

① | | |

② | | |

③ | | |

④ | | |

⑤ | | | | | .

⑥ | | | | | .

⑦ | | | | | | .

⑧ | | | | | | .

⑨ | | | | | | | .

⑩ | | | | | | | .

1단계 글자 읽기

 ㅘ, ㅙ, ㅚ를 소리 내요

ㅘ	ㅙ	ㅚ
이름 와	이름 왜	이름 외
소리 [와]	소리 [왜]	소리 [외]

ㅘ, ㅙ, ㅚ가 들어간 글자를 만들어요

화 → 화　돼 → 돼　최 → 최

와 → 왕　괭 → 괭　쇠ㅅ → 쇳

 또박또박 읽어요

와 -- 곽관괄 -- 깜 -- 왕 -- 쾌해괭왠 -- 괜 -- 왠 -- 쇠되회뇌 -- 뵙횡

봐 -- 뇨뇌 -- 된 -- 줄줄좔좔 -- 쾌 -- 좔촬콸 -- 획확 -- 와딜와딜

141

1단계 글자쓰기

 순서에 맞게 써요

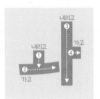   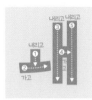   

 왕 관    왜 가리   참 외

과 왕 돼 왠 죄 화 좔 왝 뇌 뵙

2단계 낱말읽기

낱말을 읽어요

	왕	
도	서	관

회	색
오	
리	

열	
자	물	쇠

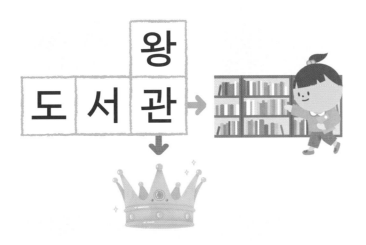

알맞은 이름에 ◯ 하고 읽어요

왜가리
외가리

참왜
참외

돼지
되지

무궁회
무궁화

2단계 낱말 쓰기

낱말을 완성해요

※ 어떤 글자는 두 번 쓰일 수 있어요.

보기   외 화 왜 좌 왕 돼 관 쇠 왼 회

 ① 도 서 에 책이 가득

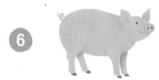 ⑤ 가 리 가 파닥파닥

 ② 손 을 높이 들어요.

 ⑥ 지 가 꿀꿀

 ③ 아삭아삭 맛있는 참

 ⑦ 멋진 관 을 써요.

 ④ 분 에 씨앗을 심어요.

 ⑧ 오 리 바람이 불어.

도전 읽기왕 3단계

다음 글을 읽고 물음에 답하세요.

내 꿈은 말이야

주말에 가족들과 서점에 갔다. 서점에서 〈멸종 위기의 새〉라는 책을 봤다. 환경이 파괴되면서 새들이 사라진다고 한다. 내가 좋아하는 황새와 쇠부엉이도 사라진다니 아쉽다.

나는 이 책을 읽고 내 꿈을 정했다. 바로 멸종 위기의 새를 연구하는 사람이다. 새를 살리는 사람이 꼭 되고 싶다.

1 글을 다시 한 번 읽을 때는 / 표시에 맞게 묶어 읽으세요.

주말에 / 가족들과 / 서점에 갔다. / 서점에서 / 〈멸종 위기의 새〉라는 / 책을 봤다. / 환경이 / 파괴되면서 / 새들이 / 사라진다고 한다. / 내가 좋아하는 / 황새와 쇠부엉이도 / 사라진다니 / 아쉽다. /
나는 / 이 책을 / 읽고 / 내 꿈을 / 정했다. / 바로 / 멸종 위기의 / 새를 / 연구하는 사람이다. / 새를 / 살리는 사람이 / 꼭 / 되고 싶다. /

2 내가 좋아하는 두 새의 알맞은 이름을 찾아 ○ 하세요.

황새, 횡새   쇠부엉이, 쇄부엉이

3 나는 책을 읽고 무엇을 하게 되었나요?

① 꿈을 정했어요.
② 새를 보러 갔어요.
③ 다친 새를 도와줬어요.

도전 쓰기왕 3단계

📚 빈칸에 공통으로 들어갈 글자를 쓰세요.

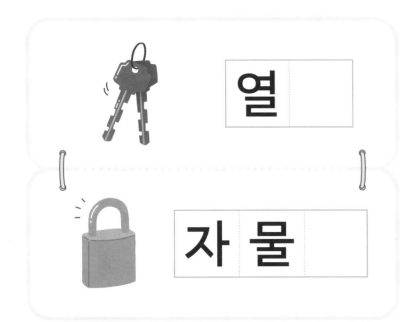

| 열 | |

| 자 | 물 | |

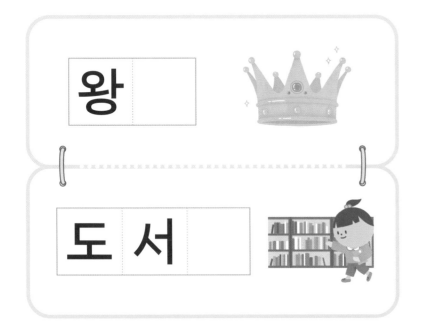

| 왕 | |

| 도 | 서 | |

🎧 잘 듣고 받아쓰세요.

1.

2.

3.

4.

5.

6. | | | | | 꽃 |

7.

8. .

9. | | | 감 자 튀 김 |

10. .

1단계 글 자 읽 기

 ㅝ, ㅞ, ㅟ, ㅢ를 소리 내요

ㅝ	ㅞ
이름 워	이름 웨
소리 [워]	소리 [웨]

ㅟ	ㅢ
이름 위	이름 의
소리 [위]	소리 [의]

ㅝ, ㅞ, ㅟ, ㅢ가 들어간 글자를 만들어요

워 → 워 궐 → 궐 훼 → 훼 웬 → 웬

쥐 → 쥐 쉰 → 쉰 의 → 의 닐 → 닐

춰 → 춰 쥔 → 쥔 퉤 → 퉤 흰 → 흰

 또박또박 읽어요

워 -- 웨위 -- 궈 -- 궤 -- 퉤웩웽 -- 뒤 -- 쉬쥐뒷윙 -- 너희

의 -- 쉥 -- 늬 -- 저희 -- 뭘웬닐 -- 뭐 -- 권궐원 -- 흰닝

147

1단계 글자쓰기

순서에 맞게 써요

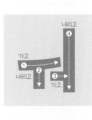 ㅝ 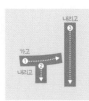 ㅟ

 ㅞ  ㅢ

원

주사위

궤도

의사

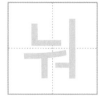 뉘  권 궐 훼 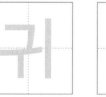 웬  귀  위  쉰 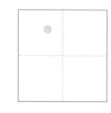 늬  흰

뉘 권 궐 훼 웬 귀 위 쉰 늬 흰

2단계 낱말읽기

낱말을 읽어요

	의	
주	사	위

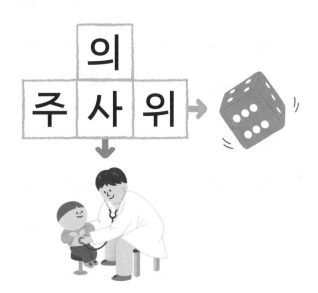

방	귀
	걸
	이

흰	색
곰	

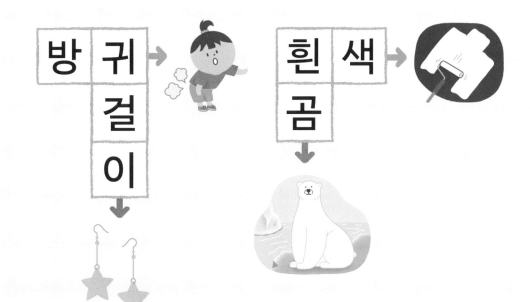

알맞은 이름에 ○ 하고 읽어요

이자
의자

망원경
망언경

궤도
괴도

바키
바퀴

149

2단계 낱말 쓰기

낱말을 완성해요

※ 어떤 글자는 두 번 쓰일 수 있어요.

보기 　귀　의　퀴　훤　원　튀　휘　위　웨　흰

1.  방 □ 를 뿡뿡!

2.  □ 곰 한 마리

3. 새하얀 □ 딩 드레스

4.  □ 파 람 을 휘휘 불어요.

5.  동글동글 바 □

6. 주 사 □ 를 던지자.

7. 내 꿈은 □ 사 야.

8.  망 □ 경 으로 별을 봐.

150

도전 읽기왕 3단계

다음 글을 읽고 물음에 답하세요.

11월 23일	날씨 : ☀ ☁ ⛅ 🌧 🌧
제목 :	이모의 결혼식

오늘은 이모 결혼식 날이다. 이모는 하얀 웨딩드레스를 입었다. 반짝반짝 귀걸이도 했다. 정말 예뻤다.

이모부는 치과 의사 선생님이다. 이모부와 병원 놀이를 하면 재미있을 것 같다.

결혼식이 끝나고 사진을 찍었다. 맛있는 음식도 먹었다. 내가 좋아하는 새우튀김도 열 개나 먹었다.

1 글을 다시 한 번 읽을 때는 / 표시에 맞게 묶어 읽으세요.

오늘은 / 이모 / 결혼식 날이다. / 이모는 / 하얀 웨딩드레스를 / 입었다. / 반짝반짝 귀걸이도 / 했다. / 정말 예뻤다. /

이모부는 / 치과 / 의사 선생님이다. / 이모부와 / 병원 놀이를 / 하면 / 재미있을 것 / 같다. /

결혼식이 끝나고 / 사진을 찍었다. / 맛있는 음식도 / 먹었다. / 내가 좋아하는 / 새우튀김도 / 열 개나 / 먹었다. /

2 그림에 알맞은 이름에 ◯ 하세요.

웨딩드레스

워딩드레스

3 다음 내용이 맞으면 ◯, 틀리면 ✕ 하세요.

① 나는 새우튀김을 좋아해요. (   )

② 나의 이모부는 치과 의사 선생님이에요. (   )

도전 쓰기왕 3단계

📚 빈칸에 공통으로 들어갈 글자를 쓰세요.

방 ☐

( )

귀☐걸이

( )

☐색

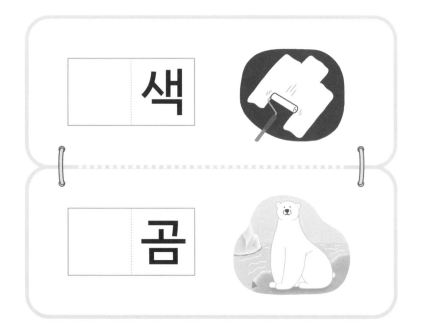

☐곰

🎧 잘 듣고 받아쓰세요.

① ☐☐

② ☐☐

③ ☐☐

④ ☐☐

⑤ ☐☐ ☐

⑥ ☐☐ ☐ ☐ .

⑦ ☐☐ ☐☐ .

⑧ ☐ ☐ ☐☐ .

⑨ ☐☐ ☐ ☐ .

⑩ ☐☐ ☐ ☐ .

1단계 글 자 읽 기

ㄲ을 소리 내요

ㄲ

이름 쌍기역

소리 [ㄲ]

ㄲ이 들어간 글자를 만들어요

ㄲㅣ → 끼

껌 → 껌

꿀 → 꿀

꽹 → 꽹

ㄲㅐ → 깨

ㄲ → 끄

끈 → 끈

꿩 → 꿩

또박또박 읽어요

꾸 — 끽 — 깔꼴꿀 — 꽥 — 꿉 — 꾸꼴꾸꼴 — 꼬끼오

끌끔끙 — 끝 — 꽝꽝 — 꼴 — 껄껑끙끅 — 꿩꽹꽈

1단계 글자쓰기

순서에 맞게 써요

 깨  꿀

까	깨	껌	낄	꺽	꼬	끌	꽤	꾹	꿩
까	깨	껌	낄	꺽	꼬	끌	꽤	꾹	꿩
까	깨	껌	낄	꺽	꼬	끌	꽤	꾹	꿩

154

2단계 낱말읽기

 낱말을 읽어요

꼬

꽹 과 리

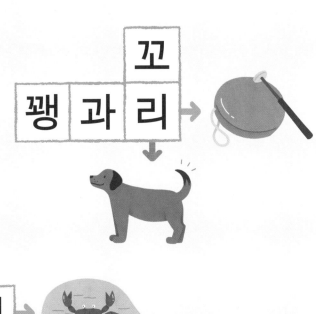

꼴 게

꽃

병

꽈

배

끈 기

 알맞은 이름에 ◯ 하고 읽어요

코끼리
코기리

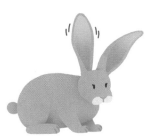

토기
토끼

까치
가치

굴벌
꿀벌

155

2단계 낱말쓰기

낱말을 완성해요

※ 어떤 글자는 두 번 쓰일 수 있어요.

보기 | 깨 껍 깔 까 끼 꽹 꿀 끝 꽃 꼬

①  고소한 [참][ ] 냄새

②  날아라 [ ][치]야!

③ [토][ ] 귀가 쫑긋

④ [ ][게]가 옆으로 옆으로

⑤  [과][리] 소리가 커요.

⑥  [ ][병]에 예쁜 꽃이 가득

⑦ [ ][리]를 흔들흔들

⑧  달콤한 [ ][떡]을 냠냠

도전 읽기 왕 3단계

📚 다음 글을 읽고 물음에 답하세요.

꼬마가 배가 고파
배에서 꼬르륵꼬르륵.

식탁 위에 있는
꿀떡, 꽈배기.
뭘 먹지? 뭘 먹지?

그래, 결정했어.
꽈배기 먹어야지.

아, 배불러. 깔깔!
기분 좋아. 깔깔!

1 글을 다시 한 번 읽을 때는 / 표시에 맞게 묶어 읽으세요.

꼬마가 / 배가 고파 /
배에서 / 꼬르륵꼬르륵. /

식탁 위에 / 있는 / 꿀떡, / 꽈배기. /
뭘 먹지? / 뭘 먹지? /

그래, / 결정했어. /
꽈배기 / 먹어야지. /

아, 배불러. / 깔깔! /
기분 좋아. / 깔깔! /

2 식탁 위에 있는 음식을 모두 찾아 ◯ 하세요.

3 꼬마는 무엇을 먹었나요?

꽈배기   과배기

도전 쓰 기 왕 3단계

📚 빈칸에 공통으로 들어갈 글자를 쓰세요.

	병

	게

토	

코	리

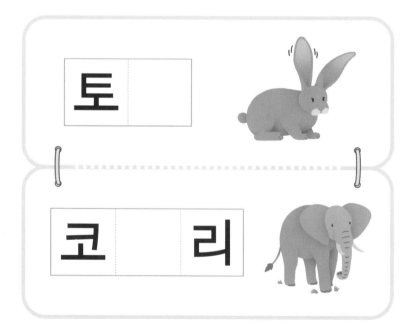

🎧 잘 듣고 받아쓰세요.

①

②

③

④

⑤

⑥

⑦

⑧

⑨ .

⑩ .

1단계 글자읽기

ㄸ을 소리 내요

ㄸ이 들어간 글자를 만들어요

ㄸ

이름 쌍디귿

소리 [뜨]

ㄸㅣ → 띠　떡 → 떡　땡 → 땡　똬 → 똬

또 → 또　뚱 → 뚱　뜸 → 뜸　뜀 → 뜀

또박또박 읽어요

띡 -- 딱 -- 띤딴떤 -- 띱 -- 띵 -- 뜨끔뜨끔 -- 뜬똔뚠

뚝뚠뚱 -- 똥 -- 뜰똘 -- 떼 -- 때똬뛰 -- 띵땅떵

1단계 글자쓰기

순서에 맞게 써요

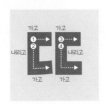

 땀  똥

딸	떡	땀	땔	뙤	똑	똥	뜯	뗀	뜀
딸	떡	땀	땔	뙤	똑	똥	뜯	뗀	뜀
딸	떡	땀	땔	뙤	똑	똥	뜯	뗀	뜀

2단계 낱말읽기

낱말을 읽어요

허
리
머 리 띠 →

땅 콩 →
굴

딸 기 →
꾹
질

낱말을 읽고 알맞은 그림을 찾아 선을 이어요

뚜껑 •

딱지 •

뜀틀 •

뜰채 •

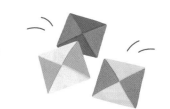

2단계 낱말 쓰기

 낱말을 완성해요

※ 어떤 글자는 두 번 쓰일 수 있어요.

보기 | 땅 뚜 떡 똥 띠 뗄 땀 딸 뜀 딱

1  ☐ 을 뻘뻘 흘려요.

2  설날에 ☐ 국 을 먹어요.

3  ☐ 굴 속에 숨은 두더지

4  리본이 달린 머 리 ☐

5 네모난 ☐ 지

6  꾹 질 을 해요.

7  ☐ 틀 을 뛰어넘어요.

8  ☐ 껑 을 닫아 주세요.

도전 읽기왕 3단계

📚 다음 글을 읽고 물음에 답하세요.

우리 가족의 주말

아빠는 내가 입을 옷을 만들어.
털실로 스웨터를 뜨지.

나는 할머니와 딱지 따먹기를 해.
내 딱지가 홀딱 뒤집어질까 봐 조마조마.

누나는 〈딱정벌레〉라는 책을 읽어.
누나 별명은 '뚱딴지 책박사'야.

1 글을 다시 한 번 읽을 때는 / 표시에 맞게 묶어 읽으세요.

아빠는 / 내가 입을 / 옷을 / 만들어. /
털실로 / 스웨터를 뜨지. /

나는 / 할머니와 / 딱지 따먹기를 / 해. /
내 딱지가 / 홀딱 / 뒤집어질까 봐 / 조마조마. /

누나는 / 〈딱정벌레〉라는 / 책을 / 읽어. /
누나 별명은 / '뚱딴지 책박사'야. /

2 주말에 아빠와 누나가 한 일이 무엇인지 찾아 선을 이으세요.

아빠 •   • 책 읽기

누나 •   • 옷 만들기

3 나는 누구와 딱지 따먹기를 했나요?

할머니   할아버지

도전 쓰기왕 3단계

📚 빈칸에 공통으로 들어갈 글자를 쓰세요.

	기

꾹	질

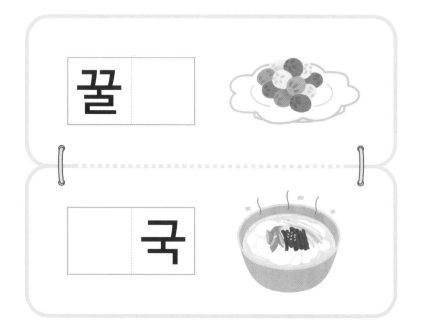

꿀	

	국

🎧 잘 듣고 받아쓰세요.

①

②

③

④

⑤

⑥

⑦

⑧

⑨

⑩

1단계 글자읽기

ㅃ을 소리 내요

ㅃ이 들어간 글자를 만들어요

ㅃ

이름 쌍비읍

소리 [쁘]

빠 → 빠   빰 → 뺨   뻥 → 뻥   뻘 → 뻴

뽀 → 뽀   뽐 → 뽐   뽑 → 뽑   뿔 → 뿔

또박또박 읽어요

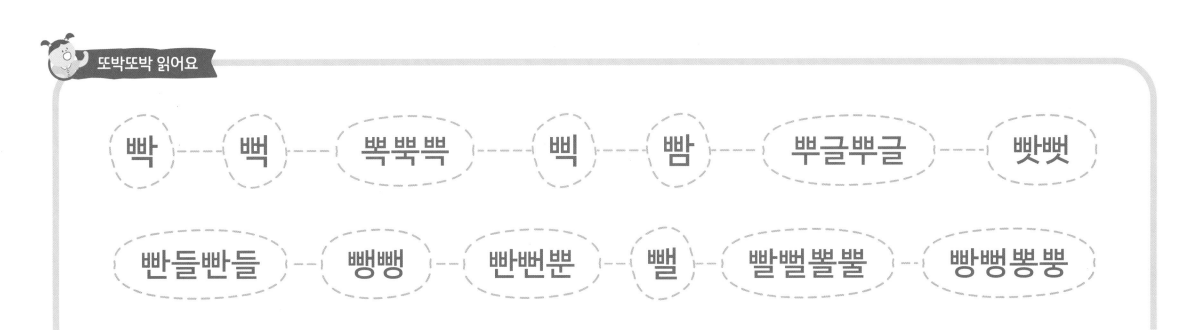

빡 --- 뻑 --- 뽁뽁뽁 --- 삑 --- 뺨 --- 뿌글뿌글 --- 빳뻣

빤들빤들 --- 뼁뼁 --- 빤뻔뿐 --- 뺄 --- 빨뻘뽈뿔 --- 빵뻥뽕뿡

1단계 글 자 쓰 기

순서에 맞게 써요

 빵  뿔

빼 빡 뻔 뺌 뺄 뽁 뿍 뿐 뿜 뿡

2단계 낱말 읽기

낱말을 읽어요

뽀글뽀글 →
뽀드득 →

빨강 대 →
빨강 ↓

붕어빵집 →

알맞은 이름에 ◯ 하고 읽어요

빨래
발레

부리
뿌리

빵
방

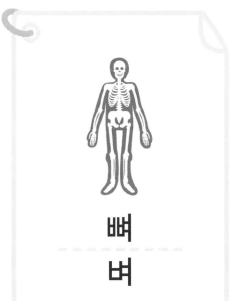

뼈
뼈

167

2단계 낱말쓰기

낱말을 완성해요

※ 어떤 글자는 두 번 쓰일 수 있어요.

보기 뿔 빨 뿌 빵 빠 뼈 뺌 뽀 빼 뽀

 ① 고소한 □ 냄새~!

 ② 사슴의 멋진 □

 ③ □ 족 한 가시

 ④ 더하기와 □ 기

 ⑤ □ 리 깊은 나무

 ⑥ □ 가 튼튼! 몸이 튼튼!

 ⑦ 눈을 밟으면 □ 드 득

 ⑧ □ 대 로 주스를 호로록

168

도전 읽기왕 3단계

📚 다음 글을 읽고 물음에 답하세요.

아이 더워!

빠르게 걸었더니

얼굴이 빨개지고 땀이 뻘뻘.

샤워를 하자!차가운 물을 뿌리고

비누로 뽀득뽀득 씻어.

뽀송한 수건으로 닦으니까

피부가 빤들빤들

아이 시원해!

1 글을 다시 한 번 읽을 때는 / 표시에 맞게 묶어 읽으세요.

> 아이 더워! /
> 빠르게 걸었더니 /
> 얼굴이 빨개지고 / 땀이 뻘뻘. /
>
> 샤워를 하자! / 차가운 물을 / 뿌리고 /
> 비누로 / 뽀득뽀득 씻어. /
>
> 뽀송한 수건으로 / 닦으니까 /
> 피부가 빤들빤들 /
> 아이 시원해! /

2 나는 왜 땀이 뻘뻘 났나요?

> 빠르게 걸어서   빠르게 뛰어서

3 ( )에 들어갈 글의 내용에 알맞은 말을 찾아 ◯ 하세요.

> (뽀송한, 보송한) 수건으로 닦으니까
> 피부가 (빤들빤들, 반들반들)해졌어요.

도전 쓰기왕 3단계

빈칸에 공통으로 들어갈 글자를 쓰세요.

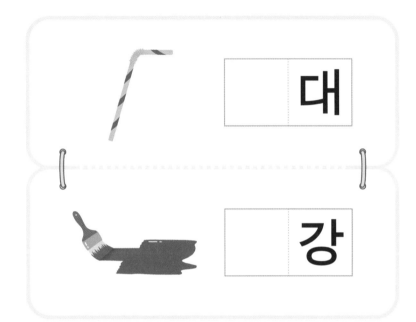

| | 대 |
| | 강 |

| 식 | |
| 집 | |

잘 듣고 받아쓰세요.

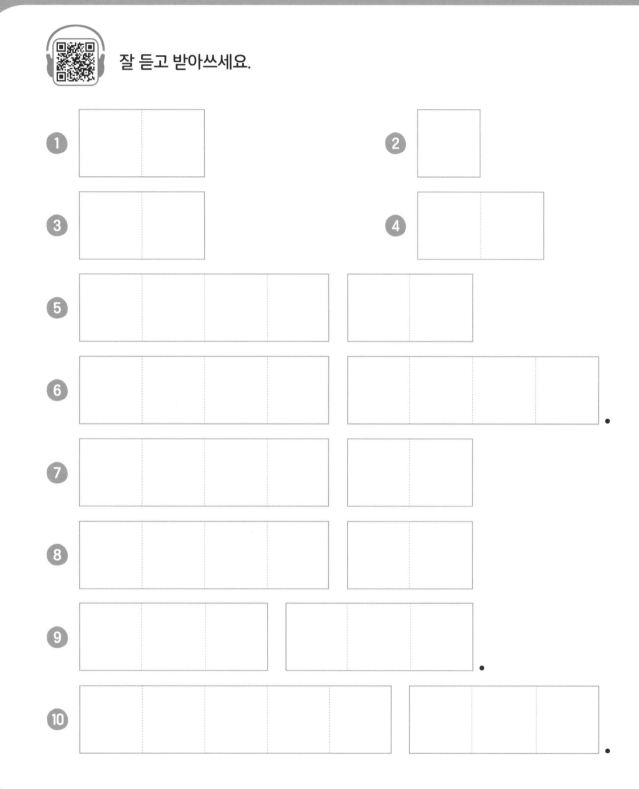

1단계 글자읽기

ㅆ을 소리 내요

ㅆ

이름 쌍시옷

소리 [쓰]

ㅆ이 들어간 글자를 만들어요

또박또박 읽어요

1단계 글자쓰기

 순서에 맞게 써요

 싹 쌀

싸 씨 쌈 썩 씽 쏘 쑤 쏜 씁 쐬

싸 씨 쌈 썩 씽 쏘 쑤 쏜 씁 쐬

172

2단계 낱말읽기

 낱말을 읽어요

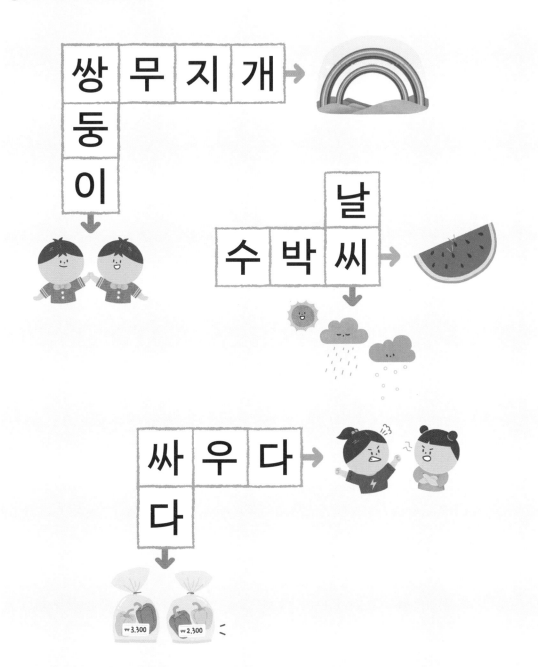

쌍	무	지	개

쌍
둥
이

수	박	씨

날

싸	우	다

싸
다

 낱말을 읽고 알맞은 그림을 찾아 선을 이어요

썰매 •

쓰레기통 •

쌀통 •

쌍안경 •

2단계 낱말 쓰기

 낱말을 완성해요

※ 어떤 글자는 두 번 이상 쓰일 수 있어요.

보기 싹 쌍 씻 싸 쓰 쌓 쌀 싼 썰 씨

① 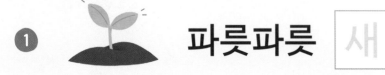 파릇파릇 │ 새 │ │

②  우리는 │ │ 둥 │ 이 │

③  어떤 │ 날 │ │ 를 좋아해?

④ │ 글 │ │ 를 예쁘게 쓰자.

⑤  신기한 │ 무 │ 지 │ 개 │

⑥  이게 더 │ │ 요 │.

⑦  멋진 │ 안 │ 경 │

⑧ 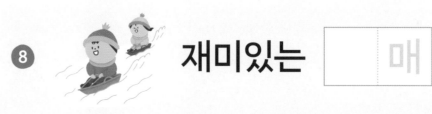 재미있는 │ │ 매 │ 타기

도전 읽기왕 3단계

📖 다음 글을 읽고 물음에 답하세요.

내 친구 송송이

내 친구 송송이를 소개할게요. 송송이는 글씨도 잘 쓰고 킥보드도 씽씽 잘 타요. 우리는 가끔 씩씩대며 싸워요. 하지만 우리는 금방 킥킥대며 웃어요.

우리는 눈썹이 씰룩씰룩, 입꼬리가 들썩들썩. 내가 어깨를 한 번 으쓱하면, 송송이는 씨익 웃어요.

1 글을 다시 한 번 읽을 때는 / 표시에 맞게 묶어 읽으세요.

내 친구 / 송송이를 소개할게요. / 송송이는 / 글씨도 / 잘 쓰고 / 킥보드도 / 씽씽 / 잘 타요. / 우리는 / 가끔 / 씩씩대며 싸워요. / 하지만 / 우리는 / 금방 / 킥킥대며 웃어요. /

우리는 / 눈썹이 씰룩씰룩, / 입꼬리가 들썩들썩. / 내가 / 어깨를 / 한 번 / 으쓱하면, / 송송이는 / 씨익 웃어요. /

2 내가 소개하고 있는 친구 이름을 빈칸에 쓰세요.

친구 [   ]

3 송송이가 잘하는 것을 모두 찾아 ◯ 하세요.

도전 쓰기왕 3단계

📚 빈칸에 공통으로 들어갈 글자를 쓰세요.

둥 이

안 경

( )

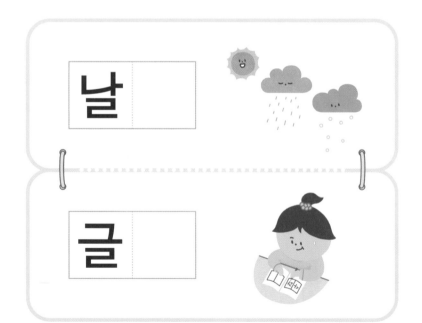

날 [ ]

글 [ ]

( )

🎧 잘 듣고 받아쓰세요.

① [ ][ ]

② [ ][ ]

③ [ ][ ]

④ [ ][ ]

⑤ [ ][ ] [ ] [ ][ ].

⑥ [ ][ ] [ ][ ].

⑦ [ ][ ] [ ][ ].

⑧ [ ][ ] [ ][ ].

⑨ [ ][ ] [ ][ ].

⑩ [ ][ ] [ ][ ] [ ][ ]

1단계 글자읽기

ㅉ을 소리 내요

ㅉ

이름 쌍지읒

소리 [쯔]

ㅉ이 들어간 글자를 만들어요

ㅉㅏ → 짜   짤ㄹ → 짤   째ㄱ → 쨱   쫘ㄱ → 쫙

ㅉㅜ → 쭈   쪼ㄹ → 쫄   쭈ㄱ → 쭉   쯔ㅅ → 쯧

또박또박 읽어요

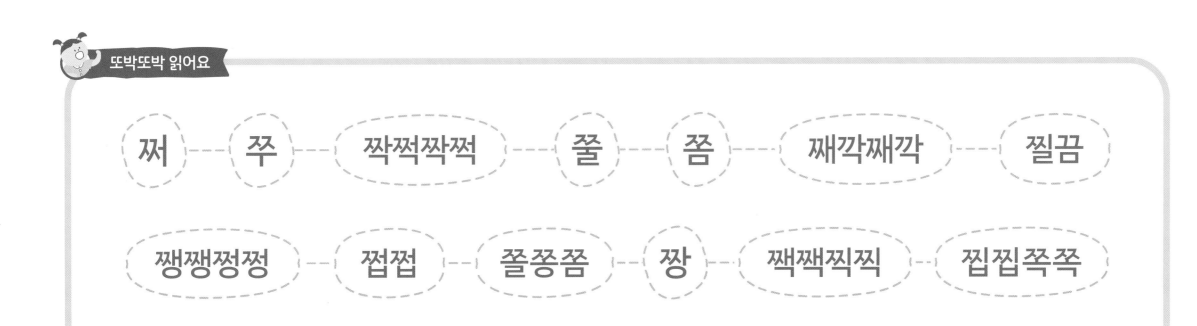

쩌 — 쭈 — 짝쩍짝쩍 — 쭐 — 쫌 — 째깍째깍 — 찔끔

쨍쨍쩡쩡 — 쩝쩝 — 쫄쫑쫌 — 짱 — 쨱쨱찍찍 — 찝찝쪽쪽

1단계 글자쓰기

순서에 맞게 써요

 짝

짜	째	짠	쩝	짝	쭈	쪽	쫑	쭐	쫏
짜	째	짠	쩝	짝	쭈	쪽	쫑	쭐	쫏
짜	째	짠	쩝	짝	쭈	쪽	쫑	쭐	쫏

2단계 낱말읽기

낱말을 읽어요

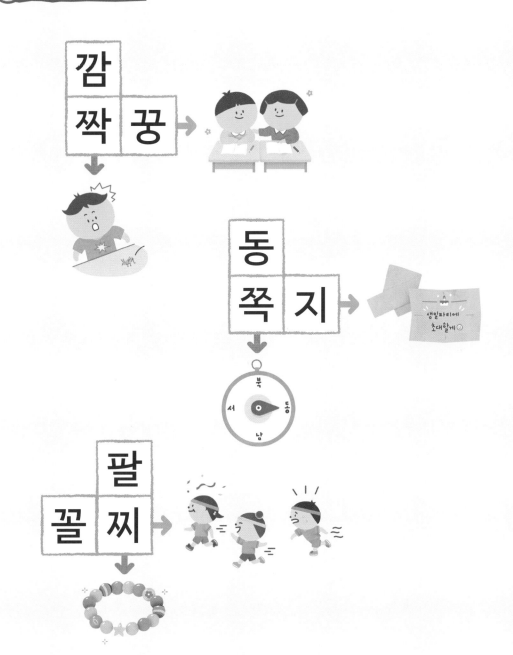

깜		
짝	꿍	

동		
쪽	지	

	팔	
꼴	찌	

알맞은 이름에 ◯ 하고 읽어요

짜짱면
짜장면

짬뽕
잠봉

지개
찌개

진빵
찐빵

2단계 낱말 쓰기

낱말을 완성해요

※ 어떤 글자는 두 번 쓰일 수 있어요.

보기 찐 찌 쭐 짜 짝 찜 짠 짱 쪽 쨈

① ☐ 지 로 마음을 전해요.

② 팔 ☐ 을 끼고 있어요.

③ 김이 나는 ☐ 빵

④ 팔 ☐ 를 손목에 차요.

⑤ 소중한 내 ☐ 꿍

⑥ ☐ 뽕 은 매워.

⑦ 바닷물은 ☐ 맛 이나.

⑧ 보글보글 된장 ☐ 개

180

도전 읽기왕 3단계

📚 다음 글을 읽고 물음에 답하세요.

달토끼의 떡 만들기

안녕하세요? 저는 달에 사는 달토끼예요. 오늘은 떡을 만들어 볼까요?

먼저 떡방아에 쌀을 넣어요. 물도 쪼르르 넣어요. 짝꿍과 번갈아가며 콩콩 찧어요. 반죽을 찜통에 넣고 푹푹 쪄 주면 맛있는 떡, 완성!

한 입 먹으면 쫀득쫀득, 두 입 먹으면 쫄깃쫄깃!

---

1 글을 다시 한 번 읽을 때는 / 표시에 맞게 묶어 읽으세요.

안녕하세요? / 저는 / 달에 사는 / 달토끼예요. / 오늘은 / 떡을 / 만들어 볼까요? /
먼저 / 떡방아에 / 쌀을 넣어요. / 물도 / 쪼르르 넣어요. / 짝꿍과 번갈아가며 / 콩콩 찧어요. / 반죽을 / 찜통에 넣고 / 푹푹 / 쪄 주면 / 맛있는 떡, / 완성! /
한 입 먹으면 / 쫀득쫀득, / 두 입 먹으면 / 쫄깃쫄깃! /

2 떡을 만들기 위해 달토끼가 한 일을 모두 찾아 ◯ 하세요.

3 흉내 내는 말에 알맞은 낱말을 찾아 선을 이으세요.

콩콩	•	•	쪄요
푹푹	•	•	찧어요

181

도전 쓰기왕 3단계

📚 빈칸에 공통으로 들어갈 글자를 쓰세요.

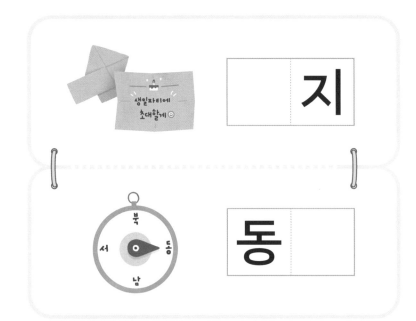

| | 지 |

| 동 | |

| | 개 |

| 팔 | |

🎧 잘 듣고 받아쓰세요.

1

2

3

4

5

6

7

8 .

9 .

10 .

정답

	도전 읽기왕	도전 쓰기왕

DAY 1 기본 모음

1.
2. 우유

도전 쓰기왕
1. 이유　2. 오이
3. 여유　4. 여아
5. 아이야 놀자
6. 우유 마셔요
7. 아야 아파
8. 이어달리기
9. 요요 놀이 하자
10. 여우야 뭐 하니

DAY 2 기본 자음 ㄱ

1.
2.

도전 쓰기왕
1. 거기　2. 구기
3. 교가　4. 요구
5. 여기가 학교야
6. 고기가 맛있어요
7. 이야기가 재미있어
8. 야구하고 놀자
9. 가갸날은 한글날
10. 아기가 기어가요

DAY 3 기본 자음 ㄴ

1.
2.

도전 쓰기왕
1. 나이　2. 누구야
3. 어느 곳　4. 누가 우나요
5. 누나가 아니야
6. 고니야 오리야
7. 고누 놀이를 해요
8. 피자를 나누어요
9. 주인공은 나야 나
10. 이구아나가 기어가

DAY 4 기본 자음 ㄷ

1.
2. 두유

도전 쓰기왕
1. 구두　2. 드디어
3. 두유　4. 기도
5. 두고 가요
6. 누나가 기도해요
7. 아기야 어디 가니
8. 돼지를 가두어요
9. 도서관을 드나드니
10. 친구에게 다가가다

DAY 5 기본 자음 ㄹ

1.
2. 부리

도전 쓰기왕
1. 고리　2. 기러기
3. 라디오　4. 우리나라
5. 나무 두 그루
6. 아기가 도리도리
7. 노루가 도망가요
8. 너구리가 잠을 자요
9. 오리가 우르르
10. 도로가 복잡해요

DAY 6 기본 자음 ㅁ

1.
2. 이마

도전 쓰기왕
1. 머리　2. 어머니
3. 이마　4. 다리미
5. 거미 두 마리
6. 나무 아래
7. 이모가 왔어요
8. 마루로 모여라
9. 아무리 우겨도
10. 다리를 오므리다

DAY 7 기본 자음 ㅂ

1.
2.

도전 쓰기왕
1. 부리　2. 우비
3. 바구니　4. 바다
5. 두부 요리
6. 나비가 날아요
7. 비누로 손을 씻자
8. 아이가 눈을 비벼요
9. 쓰레기를 버려요
10. 풀을 종이에 바르다

DAY 8 기본 자음 ㅅ

1.
2.

도전 쓰기왕
1. 가수　2. 사다리
3. 버스　4. 모서리
5. 늘 푸른 소나무
6. 머리가 부스스
7. 선인장 가시
8. 서로서로 도와요
9. 레몬이 시어요
10. 도시로 이사 가요

DAY 9 기본 자음 ㅈ

1.
2.

도전 쓰기왕
1. 지구　2. 조기
3. 바지　4. 아버지
5. 야자수가 커요
6. 주머니가 작아요
7. 들킬까 봐 조마조마
8. 주스 마셔요
9. 두더지가 이리저리
10. 알록달록 저고리

DAY 10 기본 자음 ㅊ

1.
2.

도전 쓰기왕
1. 차비　2. 유아차
3. 치마　4. 초보 운전
5. 처마 고치기
6. 기차가 길어요
7. 비가 그치니 좋아
8. 방을 치우고 나가요
9. 짐을 부치러 가요
10. 작은 고추가 매워요

DAY 11 기본 자음 ㅋ

1.
2. 코코아

도전 쓰기왕
1. 카드　2. 키다리
3. 마스크　4. 카누
5. 쿠바 여행
6. 형은 키가 커요
7. 동그란 소쿠리
8. 켜켜이 쌓인 먼지
9. 모두 크기가 다르다
10. 쿠키가 맛있어

DAY 12 기본 자음 ㅌ

1.
2.

도전 쓰기왕
1. 투수　2. 타조
3. 티셔츠　4. 도토리
5. 노란 버터
6. 오토바이 타고 가요
7. 크리스마스 트리
8. 토마토가 빨개요
9. 라이터로 불을 켜요
10. 튜브 타고 물놀이

DAY 13 기본 자음 ㅍ

1. 피노키오
2.

도전 쓰기왕
1. 수프　2. 퓨마
3. 피노키오　4. 표류기
5. 어푸어푸 헤엄쳐
6. 포크로 먹어요
7. 파리가 윙윙대요
8. 머리가 아프다
9. 피자 파티
10. 소문이 퍼지다

DAY 14 기본 자음 ㅎ

1. 호루라기
2. **엄마**
　- 하하하, 호호호
아빠
　- 허허허, 흐흐흐

도전 쓰기왕
1. 호수　2. 더하기
3. 오후　4. 하모니카
5. 호루라기
6. 코 후비지 마
7. 허리가 아파요
8. 휴가 가나요
9. 물이 흐르다
10. 휴지로 닦아요

DAY 15 받침 ㅇ

2.
3. 청소, 수영

도전 쓰기왕
1. 장미　2. 병아리
3. 어항　4. 자장가
5. 강낭콩이 자란다
6. 종이 가방
7. 토끼가 겅중겅중
8. 호랑이가 으르렁
9. 사탕 봉지가 커요
10. 수영장으로 풍덩

DAY 16 받침 ㄴ

2. 독서왕
3.

도전 쓰기왕
1. 분수　2. 만두
3. 고무신　4. 표지판
5. 오순도순
6. 파란 우산
7. 목이 긴 기린
8. 동그란 동전
9. 꼬불꼬불 라면
10. 자전거가 지나가요

DAY 17 받침 ㅁ

도전 읽기왕
2. 심심해서
3.

도전 쓰기왕
1. 하품　2. 감기
3. 소금　4. 사슴
5. 염소 수염
6. 잠자리 더듬이
7. 시간이 금이다
8. 춤추는 고슴도치
9. 방이 어두컴컴하다
10. 구름이 몽실몽실

DAY 18 받침 ㄹ

도전 읽기왕
2. **보름달**

-
반달
-
초승달
-

도전 쓰기왕
1. 풀　2. 반달
3. 나팔　4. 초승달
5. 물구나무
6. 구슬치기 하자
7. 별 모양 불가사리
8. 할아버지 할머니
9. 펄펄 눈이 옵니다
10. 돌다리도 두들겨 보자

DAY 19 받침 ㅂㅍ

도전 읽기왕
2. 당근, 간장
3. ①

도전 쓰기왕
1. 밥통　2. 구급차
3. 무릎　4. 종이접기
5. 짚신을 신어요
6. 노란 접시
7. 소나무 숲
8. 앞치마를 입어요
9. 나무로 만든 집
10. 소고기덮밥 만들기

DAY 20 받침 ㄱㅋ

도전 읽기왕
2. 혹부리 영감, 도깨비
3. ① ○
　② ✕
　③ ✕

도전 쓰기왕
1. 주걱　2. 부엌
3. 호박　4. 목욕
5. 북소리가 커
6. 낙타를 타고 가요
7. 폭죽 터지는 소리
8. 기차가 칙칙폭폭
9. 턱수염 난 사람
10. 곡식이 잘 익었어요

DAY 21 받침 ㄷㅅㅈㅊㅌㅎ

도전 읽기왕
2. ①
3. 개나리를

도전 쓰기왕
1. 밧줄　2. 돋보기
3. 가마솥　4. 숟가락
5. 전기밥솥
6. 붓 다섯 자루
7. 낮잠 자는 젖소
8. 곶감을 먹어요
9. 기다란 젓가락
10. 나는 팥죽이 좋아요

DAY 22 복잡한 모음 ㅐㅒ

도전 읽기왕
2. **냉장실**
- ② ③
냉동실
- ① ④

도전 쓰기왕
1. 팽이　2. 고래
3. 냄비　4. 조개
5. 색종이를 접어요
6. 재료를 준비해요
7. 새우는 내 친구
8. 아기 새가 날아요
9. 걔는 손이 하얘요
10. 친구가 얘기해요

DAY 23 복잡한 모음 ㅔㅖ

도전 읽기왕
2. 세뱃돈
3.

도전 쓰기왕
1. 걸레　2. 제기
3. 계산기　4. 텔레비전
5. 세수부터 하자
6. 메추리알 장조림
7. 식당 예약을 해요
8. 체온계가 필요해요
9. 토마토 세 개를 먹어요
10. 용돈을 모두 예금해요

DAY 24 복잡한 모음 ㅘㅙㅚ

도전 읽기왕
2. 황새, 쇠부엉이
3. ①

도전 쓰기왕
1. 화분　2. 미술관
3. 아기 돼지 4. 왼손잡이
5. 상쾌한 아침
6. 무궁화는 우리 꽃
7. 아삭아삭 참외
8. 횡단보도를 건너요
9. 회오리 모양 감자튀김
10. 왕눈이 왕이 퇴근해요

DAY 25 복잡한 모음 ㅝㅞㅟㅢ

도전 읽기왕
2. 웨딩드레스
3. ① ○
　② ○

도전 쓰기왕
1. 의사　2. 흰개미
3. 튀김　4. 스웨터
5. 자동차 바퀴
6. 휘파람을 잘 분다
7. 만나서 반가워요
8. 천 원이 모자라다
9. 주사위를 굴려 봐
10. 망원경으로 별을 봐요

DAY 26 쌍자음 ㄲ

도전 읽기왕
2.
3. 꽈배기

도전 쓰기왕
1. 참깨　2. 깡통
3. 끈기　4. 꽈배기
5. 까만 까치
6. 달콤한 꿀
7. 꼬리를 흔들흔들
8. 발가락을 꼼지락
9. 꿩이 방귀를 뀌어요
10. 꽹과리를 꽝꽝 쳐요

DAY 27 쌍자음 ㄸ

도전 읽기왕
2. **아빠**
　- 옷 만들기
누나
　- 책 읽기
3. 할머니

도전 쓰기왕
1. 땅콩　2. 뚜껑
3. 땅벌레 4. 땀이 줄줄
5. 딱지치기
6. 눈을 떠요
7. 땅굴 속에 숨어요
8. 허리띠를 둘러요
9. 똥 냄새가 나요
10. 뜀틀을 뛰어넘어 봐

DAY 28 쌍자음 ㅃ

도전 읽기왕
2. 빠르게 걸어서
3. 뽀송한, 빤들빤들

도전 쓰기왕
1. 빨래　2. 뼈
3. 뿌리　4. 식빵
5. 뾰족뾰족 가시
6. 뽕나무에 올라가요
7. 뽀글뽀글 머리
8. 더하기와 빼기
9. 걸음이 빨라요
10. 빨간색으로 칠해요

DAY 29 쌍자음 ㅆ

도전 읽기왕
2. 송송이
3.

도전 쓰기왕
1. 쌀통　2. 눈썹
3. 솜씨　4. 쌍무지개
5. 여기가 더 싸요
6. 눈썰매를 타요
7. 새싹이 돋아나요
8. 수박씨를 뱉어요
9. 쌍자음을 배워요
10. 밀물과 썰물의 비밀

DAY 30 쌍자음 ㅉ

도전 읽기왕
2.
3. **콩콩** - 찧어요
푹푹 - 쪄요

도전 쓰기왕
1. 짝꿍　2. 찐빵
3. 팔짱　4. 팔찌
5. 참새가 짹짹
6. 떡이 쫀득쫀득
7. 꼴찌에게 박수를
8. 해는 동쪽에서 뜬다
9. 짜장면이냐 짬뽕이냐
10. 얼굴 찌푸리지 말아요

30일 완성 한글 총정리

초판 발행 · 2022년 12월 25일
초판 3쇄 발행 · 2024년 2월 1일

지은이 · 기적학습연구소
발행인 · 이종원
발행처 · 길벗스쿨
출판사 등록일 · 2006년 6월 16일
주소 · 서울시 마포구 월드컵로 10길 56(서교동)
대표전화 · 02)332-0931 | **팩스** · 02)333-5409
홈페이지 · www.gilbutschool.co.kr | **이메일** · gilbut@gilbut.co.kr

총괄 · 신경아 | **기획** · 이경은(hey2892@gilbut.co.kr)
편집 진행 · 최지현 | **제작** · 이준호, 이진혁, 김우식
영업마케팅 · 문세연, 박다슬 | **웹마케팅** · 박달님, 이재윤 | **영업관리** · 정경화
독자지원 · 윤정아 | **디자인 및 전산 편집** · 박찬진
일러스트 · 날램 | **CTP 출력 및 인쇄** · 예림 | **제본** · 신정제본

ISBN 979-11-6406-485-4 (63710)
(길벗스쿨 도서번호 10873)

정가 17,000원